LE LIVRE DU COMPORTEMENT

Ibn Qudamah

© 2019 Muslimlife
Tous droits réservés.
ISBN : 978-1-952608-08-7
www.muslimlife.fr
contact@muslimlife.fr

« Et tu es certes, d'une moralité éminente. »
Sourate 68 : La Plume, verset 5

Votre livre gratuit

Pour vous remercier de votre achat, nous souhaitons vous offrir une copie gratuite en version PDF de notre livre :

« La Guérison des Âmes »

Accédez à la page ci-dessous pour l'obtenir : https://www.muslimlife.fr/guerison-des-ames-offert/

Bonne lecture !

L'équipe de MuslimLife.

Table des matières

Préface

Au Nom d'Allah, le Tout-Miséricordieux, le Très-Miséricordieux.

Toutes les louanges appartiennent à Allah dont la Miséricorde couvre l'ensemble de ses serviteurs et qui a récompensé les obéissants par la guidance vers le chemin droit. Il leur a attribué, par Sa Douceur, l'accès aux bonnes œuvres. Ils ont alors pu obtenir le succès en atteignant leurs objectifs.

Je Le loue, confirmant l'aide abondante qu'Il répand, et je cherche refuge auprès de Lui contre l'éloignement et la distance [vis-à-vis de Lui].

Je témoigne que nulle divinité n'est digne d'être adorée en dehors d'Allah seul, sans associé. Un témoignage qui est consigné en vue de la Demeure de la Résurrection.

Je témoigne que Muhammad est Son serviteur et Messager. Il a clarifié le chemin de la guidance et de l'exactitude et a réprimé les négateurs issus des peuples de la déviation et de l'entêtement. Que la paix et les bénédictions d'Allah soient sur lui.

J'ai une fois parcouru le livre *Minhaj Al-Qasidin* du shaykh al-Imam al-'Alim al-Awhad, Jamal Al-Din ibn Al-Jawzi (qu'Allah lui fasse miséricorde). J'ai constaté qu'il était parmi les livres les plus remarquables et bénéfiques. Je suis tombé sur lui à un certain endroit. J'ai alors voulu l'obtenir et le lire. Lorsque j'ai, pour la deuxième fois, médité sur son contenu, j'y ai trouvé plus que ce que je pensais qu'il renfermait.

Cependant, j'ai constaté que le livre n'était pas simple. J'ai donc décidé de le commenter dans ce « Mukhtasar ». Celui-ci contient la plupart des objectifs initiaux ainsi que d'importants aspects bénéfiques, sauf ce qui est mentionné à son début en matière de principes secondaires. En effet, ces questions sont largement traitées dans les livres de jurisprudence connus par les gens et l'objectif de cet ouvrage n'est pas de traiter de ces sujets.

Je ne me suis pas contraint à conserver l'agencement du livre et sa terminologie spécifique. J'ai plutôt cité certains de ces éléments seulement, dans le but d'être concis. J'ai parfois mentionné un hadith ou d'autres propos lorsque je trouvais que cela était bénéfique et Allah sait mieux.

Je demande à Allah, le Généreux, de rendre bénéfique sa lecture, son écoute ou sa revue, qu'Il en fasse une œuvre sincèrement dédiée à Son Visage, de le couvrir d'un bien pour nous et de nous accorder le succès dans chaque propos et acte qui Lui plaisent.

Qu'Allah pardonne nos manquements et notre négligence, Il nous suffit et Il est le meilleur Garant des affaires.

Chapitre 1 : Le comportement relatif au repas

Le comportement à adopter avant et pendant le repas, ainsi que ce qu'il est recommandé de faire après.

1- Le comportement avant le repas

- Se laver les mains avant de manger comme cela est mentionné dans le hadith[1], car celles-ci contiennent souvent des saletés.

- Étendre une nappe sur le sol pour y installer la nourriture. Cela est plus proche de la pratique du Messager d'Allah (paix sur lui) que le fait de manger sur une table.[2] C'est également plus proche de l'humilité.

- S'assoir sur sa jambe gauche, au niveau de la nappe, et s'appuyer sur la jambe droite.

- Émettre l'intention de se nourrir dans le but de se renforcer en vue d'adorer Allah. Cela afin de se montrer obéissant à travers la nourriture et d'éviter de rechercher uniquement le luxe de cette vie. Le signe de cette intention se trouve dans le fait de manger seulement ce qui suffit, sans remplir son estomac.

Le Prophète (paix sur lui) a dit : « **Nul n'a rempli de pire récipient que son estomac. Le fils d'Adam n'a besoin que**

---

1 Tout ce qui a été rapporté à ce sujet est faible comme l'a mentionné Al-Hafidh Al-'Iraqi dans *Takhrij Al-Ihya*.

2 Voir *Mukhtasar Al-Shama'il Al-Muhammadiyya lil-Tirmidhi*, par Al-Albani.

de quelques bouchées pour conserver sa force. Si cela est nécessaire, qu'il réserve un tiers [de son estomac] pour la nourriture, un tiers pour la boisson et un tiers pour la respiration. »[1]

Pour que cette intention soit valide, il convient de tenir sa main éloignée de la nourriture en l'absence d'appétit et de la retirer avant d'être repu. Respecter ce principe permet de se dispenser des médecins.

- Se montrer satisfait de toute nourriture disponible. On ne doit rabaisser aucun repas, aussi modeste soit-il.

- Faire de son mieux pour réunir le plus de personnes autour du repas, même s'il s'agit seulement de l'épouse et des enfants.

2- Le comportement pendant le repas

- Débuter le repas par la formule « Au Nom d'Allah » et le terminer en louant Allah.

- Manger de la main droite, en prenant de petites bouchées et en mâchant bien la nourriture.

- Ne pas prendre une autre bouchée avant d'avoir avalé la première.

- Ne pas critiquer la nourriture.

- Manger la partie la plus proche de soi, à moins que le repas ne soit composé de différents types d'aliments, à l'image des fruits.
- Manger avec trois doigts. Si la nourriture tombe au sol,

---

1   Rapporté par Al-Tirmidhi. Authentifié par Al-Albani.

la ramasser.

- Ne pas souffler sur un plat chaud [et attendre plutôt patiemment qu'il refroidisse].

- Ne pas réunir les dattes et leurs noyaux dans une même assiette ou dans la paume de la main. Déplacer plutôt les noyaux de la bouche vers la main puis s'en débarrasser. Cela s'applique à tout ce qui contient des noyaux ou des pépins.

- Il est préférable pour la santé d'éviter de boire pendant que l'on mange.

- Concernant la boisson : prendre le récipient de la main droite et regarder à l'intérieur avant de boire. Boire par petites lampées et non pas à grandes gorgées, car on rapporte que 'Ali (qu'Allah l'agrée) a dit : « Buvez l'eau par petites lampées, ne l'engloutissez pas, car cela conduit à des maladies du foie. »

- Ne pas boire debout et respirer par trois fois en buvant. Les deux *Sahihs* rapportent que **le Prophète (paix sur lui) respirait trois fois lorsqu'il buvait dans un récipient.**[1]

Ce hadith signifie qu'il respirait non pas à l'intérieur du récipient, mais plutôt après l'avoir d'abord éloigné de sa bouche.

3- Le comportement après le repas

- Cesser de manger avant d'être repu puis lécher ses doigts. Ensuite, essuyer le plat et louer Allah. Il est rapporté que le Prophète (paix sur lui) a dit :
« **Allah est satisfait qu'un serviteur se nourrisse puis**

---

1   Rapporté par Al-Boukhari & Muslim

Le loue pour cela. Buvez puis louez-Le pour cela. »[1]

- Lavez ensuite ses mains pour les débarrasser de l'odeur et de la graisse de la viande.

4- Le comportement lors d'un repas collectif

- *Premièrement* : ne pas commencer à manger lorsqu'on est en présence de quelqu'un qui mérite de débuter étant donné son âge ou sa vertu. En revanche, si l'on est soi-même l'exemple à suivre, il convient d'être celui qui débute.

- *Deuxièmement* : ne pas manger en silence, mais plutôt converser à propos de bonnes choses en racontant par exemple des récits sur les pieux au sujet de la nourriture.

- *Troisièmement* : que chacun préfère l'autre à lui-même et qu'il ne laisse pas son compagnon ressentir le besoin de dire « Mange ! ». Manger de bon cœur et ne pas agir de manière prétentieuse en se retenant.

- *Quatrièmement* : ne pas observer ses compagnons pendant qu'ils mangent afin de ne pas les embarrasser.

- *Cinquièmement* : se retenir de toute attitude qu'on trouverait soi-même repoussante, comme remuer dans le plat ce que la main contient ou pencher la tête au-dessus lors d'une bouchée. Si l'on ressent le besoin de cracher, détourner la tête du plat et cracher dans la main gauche. Ne pas plonger de morceaux gras dans le vinaigre ni verser de condiments sur quelque chose d'adipeux au risque de faire naître du dégout chez les autres. Ne pas plonger dans la sauce une part que l'on a déjà entamée.

5- Le comportement à adopter lorsque l'on invite ses

---

1   Rapporté par Muslim.

frères à un repas

- Il est recommandé d'inviter ses frères à manger. Il a été rapporté que 'Ali (qu'Allah l'agrée) a dit : « Réunir mes frèresà manger un sa'[1] de nourriture m'est préférable à l'affranchissement d'un esclave. »

Khaytama préparait du Khabis[2] et des plats délicieux puis invitait Ibrahim et Al-A'mash. Il disait : « Mangez, car je n'ai préparé cela que pour vous. »

- Concernant la manière de présenter la nourriture, il convient de proposer ce qui est disponible, sans exagération et sans demander la permission de le faire. Proposer tout ce que l'on possède compte parmi les attitudes exagérées.

- Bien se comporter en tant qu'invité implique de ne pas suggérer ni demander de plat en particulier. Si, en revanche, on nous laisse le choix entre deux repas, on doit choisir le plus facile (à préparer) des deux à moins que l'on sache que l'hôte serait ravi de préparer ce que l'on suggère.

En effet, Al-Shafi'i visita une fois Al-Za'farani qui avait pour habitude, chaque jour, de rédiger une liste des différents aliments à cuisiner pour la journée et de la donner à la servante. Al-Shafi'i prit la liste en y ajouta une nouvelle variété de plat. Lorsque Al-Za'farani s'en rendit compte, il en fut grandement réjoui.

6- Ne pas s'immiscer au sein d'un repas

- Il ne convient pas de se rendre chez des gens si l'on sait qu'ils sont actuellement en train de manger. Si l'on n'est pas

---

1   Unité de mesure qui peut varier.
2   Sucrerie à base de dattes et de beurre.

au courant et qu'on les trouve en train de manger, il faut examiner la situation et voir s'ils sont sur le point de nous inviter à les rejoindre. Si l'on comprend qu'ils nous invitent par pudeur, on ne doit pas participer au repas. En revanche, si l'on sait qu'ils désirent vraiment qu'on les rejoigne, alors il est permis de manger.

- Celui qui entre chez son ami et sait avec certitude que participer à son repas ne ferait rien d'autre que le réjouir, il lui est permis de manger.

7- L'hospitalité

- Inviter les pieux et non les pervers. L'un des Pieux Prédécesseurs a dit : « Ne mange qu'en compagnie des pieux et ne laisse qu'un pieu manger de ta nourriture. ».

- Inviter le pauvre plutôt que le riche.

- Ne pas négliger ses proches en matière d'invitation, car cela conduit à l'éloignement et à la rupture des liens de parenté.

- Respecter un ordre de priorité dans l'invitation de ses amis et connaissances et ne pas inviter des gens par vantardise et fanfaronnade. L'intention doit être de pratiquer la Sounnah qui consiste à nourrir les autres, unir les cœurs de ses frères et mettre de la joie dans les cœurs des croyants.

- Ne pas inviter les gens dont on sait qu'ils auront des difficultés à venir ou qui, pour une raison ou pour une autre, pourront subir des maux de la part des autres convives.

- Il est obligatoire de répondre favorablement à l'invitation d'un musulman pour le premier jour des noces d'un mariage, alors qu'il est simplement permis de répondre aux autres invitations.

- On ne doit pas accepter seulement l'invitation du riche et ne jamais se rendre à celle du pauvre.

- On ne doit pas rester chez soi si l'on est invité ; on doit quand même s'y rendre.
- Si on pratique un jeûne volontaire et que l'on sait que manger réjouirait notre frère musulman, on doit alors le rompre.

- Refuser l'invitation si la nourriture est illicite. La même chose s'applique en cas d'accessoires, de vaisselles, d'instruments de musique et d'images interdits. De même, si l'hôte est un injuste, un pervers, un innovateur ou quelqu'un qui se vante de ses invitations, on ne doit pas répondre favorablement.

- On ne doit pas répondre à une invitation seulement pour la nourriture. Plutôt, il convient de mettre l'intention de suivre la Sounnah et d'honorer son frère musulman. Il est aussi approprié de se protéger de la mauvaise opinion des autres, car certains pourraient affirmer que l'on refuse par arrogance !

- Se montrer humble dans l'assemblée et ne pas chercher à obtenir une place qui nous met en avant. Si le maître de maison nous attribue une place spécifique, il ne convient pas de s'asseoir ailleurs.

- Ne pas jeter de regards fréquents vers l'endroit d'où est apportée la nourriture, car cela est signe de gourmandise.

8- Le comportement à adopter lorsque l'on présente le repas

Il existe cinq règles de bonne conduite relatives à la présentation du repas.

Premièrement : le repas doit être servi rapidement, car c'est une façon d'honorer l'invité.

Deuxièmement : les fruits doivent être présentés d'abord, car cela est meilleur pour la santé. Allah a dit :

« Et des fruits de leur choix, et toute chair d'oiseau qu'ils désireront. »[1]

Le meilleur plat à présenter après les fruits est la viande, particulièrement la viande bien cuite. Le meilleur mets après la viande est le tharid (mélange de pain et de viande) puis les sucreries. Accompagner toutes ces bonnes nourritures d'une eau bien fraîche et terminer par le lavage des mains avec de l'eau tiède.

Troisièmement : présenter toutes les sortes de mets disponibles.

Quatrièmement : ne pas se précipiter de débarrasser les plats avant que les invités n'aient terminé de manger et retiré leurs mains.

Cinquièmement : une quantité suffisante de nourriture doit être servie, car autrement cela sera signe de mauvaises manières.

L'hôte doit mettre de côté la part de sa famille avant d'offrir de la nourriture.

Lorsque l'invité souhaite s'en aller, l'hôte doit l'accompa-

---

1   Sourate 56 : L'Évènement, versets 20-21

gner à la porte, car c'est une Sounnah et une manière d'honorer l'invité.

Sourire et converser de manière agréable au début, à la fin et pendant le repas, constituent les signes d'un respect complet.

Concernant l'invité, celui-ci doit s'en aller avec un cœur satisfait même si l'on a manqué à ses droits. Cela fait partie du bon comportement et de l'humilité. Il ne doit s'en aller qu'en ayant reçu la permission du maître de maison et doit examiner son cœur tout au long de sa présence sur place.

Chapitre 2 : Le comportement relatif au mariage

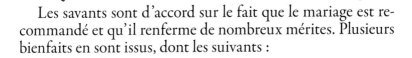

Les savants sont d'accord sur le fait que le mariage est recommandé et qu'il renferme de nombreux mérites. Plusieurs bienfaits en sont issus, dont les suivants :

- le mariage a pour but de préserver la lignée. Faire des enfants permet également d'obtenir l'amour d'Allah, car cela aide à la survie de l'humanité

- c'est aussi un moyen de recherche de l'amour du Messager d'Allah (paix sur lui) puisqu'il s'agit d'une source de gloire pour lui

- le mariage permet de rechercher les bénédictions des invocations des enfants pieux ainsi que l'intercession de l'enfant en bas âge décédé

- c'est un moyen de protection contre le diable, car il aide à repousser les dangers du désir

- le mariage est un moyen de relaxation de l'âme et permet de jouir d'une compagnie à travers les relations avec l'épouse

- il vide le cœur de l'anxiété liée à la tenue du foyer, à la cuisine et l'entretien, à la décoration, au fait de laver la vaisselle, ainsi qu'à la préparation des moyens relatifs à une vie décente. Être constamment occupé par les tâches ménagères, seul, est très difficile. Cela prend la majorité du temps disponible et empêche l'étude et l'accomplissement de bonnes œuvres. Une épouse vertueuse, ainsi qu'une bonne gouvernante sont donc d'une aide précieuse dans la pratique de la religion, car la négligence de ces corvées distrait le cœur.

- le mariage constitue également un moyen de combattre l'âme et de l'éduquer à travers le respect des responsabilités, la protection et l'acquittement des droits de la famille. Le fait de se montrer patient envers les réactions des épouses et de supporter leur mal renferme des bienfaits dans le sens où cela les rectifie et les conduit vers le chemin de la religion. De même, travailler, gagner une subsistance licite pour elles et élever des enfants sont des actes bénéfiques. Toutes ces actions sont d'un immense mérite, car elles forment les fondations de la responsabilité et de la protection

- on ne doit se priver du mariage que si l'on craint de ne pas être capable de remplir les droits de l'épouse. Supporter la charge d'une épouse et d'enfants est semblable au jihad sur le sentier d'Allah

Muslim rapporte que le Prophète (paix sur lui) a dit :

« Un dinar que tu dépenses dans le sentier d'Allah, un dinar que tu dépenses pour libérer un esclave, un dinar que tu donnes en aumône à un pauvre et un dinar que tu dépenses pour ta famille : le meilleur d'entre eux est celui que tu dépenses pour ta famille. »[1]

1- Les inconvénients du mariage

Le mariage contient quelques désavantages.

Premièrement : le désavantage le plus sérieux réside dans la difficulté de gagner une subsistance licite. Il se peut que l'homme marié étende sa main vers quelque chose qui ne lui

---

1   Rapporté par Muslim.

appartient pas de droit.

Deuxièmement : il est difficile de remplir les droits des femmes, de supporter leurs caractères et le mal qu'elles causent. Il y a un danger à cela puisque l'homme est un berger et il est donc responsable de son troupeau.

Troisièmement : la possibilité pour l'homme que l'épouse et les enfants le distraient du rappel d'Allah et qu'il passe ses jours et ses nuits à jouir d'eux. Son cœur pourrait ne pas être libre de penser à l'au-delà et au travail pour l'obtenir.

Voilà donc les bienfaits et les inconvénients du mariage. Le fait qu'il soit meilleur, d'un point de vue légal, pour une personne de se marier ou de rester célibataire dépend de son état. En réalité, celui qui aspire au chemin droit doit examiner sa personne au regard des situations mentionnées ci-dessus.

Si les inconvénients ne s'appliquent pas à lui et qu'il possède des biens licites, un bon comportement, que sa jeunesse implique qu'il éteigne son désir et qu'il a besoin d'une personne qui entretienne son foyer, car il vit seul, alors nul doute que le mariage est meilleur pour lui.

Si seuls les inconvénients sont présents, alors il est meilleur pour lui de rester seul. Cela s'applique à ceux qui ne ressentent pas le besoin de se marier. Quant à celui qui en a besoin, il est impératif qu'il se marie.

2- La bonne épouse

Pour un mariage réussi, l'épouse doit posséder les qualités suivantes.

Premièrement : la première qualité et la plus importante est la religion, car le Prophète (paix sur lui) a dit : « **Choisis**

celle qui est religieuse. »[1]

Une femme sans religion détruira la piété de son époux, troublera son cœur par la jalousie et rendra sa vie pleine de tourments.

Deuxièmement : le bon comportement. Une femme avec de mauvaises manières apporte plus de maux que de bienfaits.

Troisièmement : la beauté. C'est une qualité recherchée, car elle est un moyen de préserver la chasteté. C'est pourquoi il est recommandé à l'homme de regarder la femme qu'il projette d'épouser. Il est vrai que certains hommes ne tenaient pas compte de la beauté et n'étaient pas à la recherche du plaisir. Il a été rapporté, par exemple, que l'imam Ahmad avait choisi une femme borgne en lieu et place de sa sœur. Ces cas sont cependant rares, car la nature de la plupart des hommes ne tend pas vers cela.

Quatrièmement : la dot modérée. Sa'id Ibn Al-Musayyib maria sa fille pour deux dirhams.

'Umar (qu'Allah l'agrée) a dit : « N'exagérez pas dans les dots des femmes. »

De la même façon qu'il est détestable de demander une dot élevée pour la femme, il est également détestable pour un homme de demander à combien s'élève la fortune qu'elle possède.

[Sufyan] Al-Thawri a dit : « Lorsqu'un homme s'apprête à se marier et qu'il demande : « Que possède cette femme ? », sache que c'est un voleur. »

Cinquièmement : la virginité. Le Législateur a encouragé

---

1   Rapporté par Muslim

les hommes à se marier avec des femmes vierges. La femme vierge est généralement plus dévouée et affectueuse envers l'homme que la non-vierge, ce qui entraîne l'amour. En effet, les êtres humains, par leur nature profonde, ressentent une affection particulière pour leur premier amour. Cela conduit également l'homme à l'aimer plus, car les hommes préfèrent qu'aucun autre n'ait touché leur femme avant eux.

Sixièmement : la fertilité.

Septièmement : la lignée. Cela signifie qu'une femme doit être issue d'une famille musulmane pieuse.

Huitièmement : l'absence de lien familial.

Ceci étant dit, tout comme l'homme doit regarder celle qui projette d'épouser, le tuteur de la femme doit s'intéresser à la religion de l'homme, son caractère et sa situation. Cela, car la femme devient attachée, telle une esclave, à son époux. Donc si le tuteur la marie à un débauché ou un innovateur, il aura violé ses droits ainsi que les siens.

Un homme demanda un jour à Al-Hasan : « À qui dois-je marier ma fille ? ».
Il répondit : « À celui qui craint Allah. S'il l'aime, il l'honorera, et s'il la déteste, il ne lui portera pas préjudice. »

3- Le comportement à adopter pour une vie conjugale réussie

Le mari doit faire preuve de modération et de bon caractère dans douze choses.

Premièrement : le repas de noces. Il est recommandé.

Deuxièmement : bien traiter les épouses et supporter leurs maux qui résultent de leur manque de raison. Il a été rapporté dans un hadith authentique :

« Appliquez-vous à prendre soin des femmes, car elles ont été créées à partir d'une côte. La partie la plus courbée de la côte est la partie supérieure. Si vous essayez de la redresser, vous la briserez, et si vous la laissez telle quelle, elle demeurera courbée. Donc, appliquez-vous à prendre soin des femmes. »[1]

Sache que le bon comportement envers la femme ne consiste pas à s'abstenir de lui porter atteinte, mais supporter les maux qu'elle cause et faire preuve de clémence face à son impatience et sa colère sont une imitation du Messager d'Allah (paix sur lui).

On rapporte dans les deux *Sahihs*, selon ʿUmar (qu'Allah l'agrée), que **les femmes du Prophète (paix sur lui) ont une fois échangé des mots avec lui et l'une d'entre elles s'est éloignée de lui pendant toute une journée, jusqu'à la tombée de la nuit.** Ce hadith est bien connu.[2]

Troisièmement : Jouer et plaisanter avec l'épouse. **Le Prophète (paix sur lui) a concouru avec ʿAisha (qu'Allah l'agréé)**[3] et il jouait avec ses épouses.

Une fois, il (paix sur lui) dit à Jabir (qu'Allah l'agrée) : **« Pourquoi ne t'es-tu pas marié avec une vierge qui aurait joué avec toi et avec laquelle tu aurais joué également ? »**[4]

Quatrièmement : ne pas dépasser les limites de la plaisanterie en devenant trop laxiste au point que la femme perde tout respect pour son mari. La modération est toujours bonne.

---

1   Rapporté par Al-Boukhari & Muslim.
2   Rapporté par Al-Boukhari & Muslim
3   Rapporté par Abu Dawud. Authentifié par Al-Albani
4   Rapporté par Al-Boukhari & Muslim

Il a été rapporté qu'une fois 'Umar Ibn Al-Khattab corrigea l'un de ses employés. Sa femme s'adressa à lui en lui demandant : « Ô Commandeur des Croyants, pourquoi es-tu en colère contre lui ? ».

'Umar (qu'Allah l'agrée) répondit : « Ô ennemi d'Allah ! De quoi te mêles-tu ? Tu n'es qu'un jouet avec lequel on joue puis que l'on délaisse. »[1]

Cinquièmement : faire preuve de modération dans la jalousie pour la femme. Cela signifie qu'il ne convient pas d'être inattentif aux premières étapes qui mènent à une fin destructrice, mais qu'on ne doit pas exagérer dans la suspicion non plus. En effet, **le Prophète (paix sur lui) a interdit de frapper à la porte de l'épouse la nuit.**[2]

Sixièmement : modérer les dépenses sans tomber ni dans le gaspillage ni dans l'avarice. L'homme ne doit pas priver sa famille d'une nourriture savoureuse, car cela fait naître l'amertume.

Septièmement : Apprendre les règles relatives aux menstrues que l'on a besoin de connaître lorsque l'on vit avec sa femme.

Lui enseigner également la croyance correcte et retirer toute innovation que son cœur pourrait contenir.

Lui transmettre les règles de la prière, des menstrues et des métrorragies.

Lui expliquer que si le saignement cesse avant Al-Maghrib et qu'il reste assez de temps pour accomplir une unité de prière avant qu'Al-Maghrib débute, elle doit accomplir à la

---

1   N.D.T : nous n'avons trouvé aucun élément qui prouve l'authenticité de ce récit. Et Allah sait mieux.

2   Rapporté par Al-Boukhari & Muslim.

fois la prière de Dhohor et de 'Asr.

Si le saignement cesse avant Al-Fajr et qu'il reste assez de temps pour accomplir ne serait-ce qu'une unité de prière avant qu'Al-Fajr débute, elle doit accomplir à la fois la prière d'Al-Maghrib et d'Al-'Isha.

Il s'agit là de principes que la plupart des femmes n'appliquent pas.

Huitièmement : Traiter les épouses de manière équitable.

Ceci s'applique à la répartition des nuits et des biens, et non pas à l'amour et aux relations intimes, car cela n'est pas sous le contrôle de l'époux. S'il voyage et souhaite que l'une d'elles l'accompagne, il doit tirer au sort et emmener celle désignée.

Neuvièmement : Discipliner l'épouse rebelle.

L'époux est autorisé à la corriger et à la pousser à lui obéir. Cependant, il doit procéder de manière progressive en commençant par l'exhorter et l'avertir.

Si cela ne fonctionne pas, qu'il s'éloigne d'elle la nuit en lui tournant le dos ou en dormant séparément sans lui adresser un mot, pendant au maximum trois jours.

Si cette méthode s'avère aussi inefficace, qu'il la corrige sans la blesser, sans provoquer de saignement et sans la frapper au visage.

Dixièmement : le comportement lors des rapports intimes.
Il est recommandé de débuter par le Nom d'Allah.
Il convient également de se détourner de la Qiblah.

Le couple doit se couvrir d'un drap sans être totalement nu. L'époux doit commencer par des préliminaires en câlinant et en embrassant son épouse.

Certains savants voient qu'il est recommandé de faire l'amour le vendredi. Après son orgasme, le mari doit faire preuve de douceur afin de faciliter celui de l'épouse, car il se peut qu'il ne se produise pas aussi vite que le sien.

Si l'époux souhaite jouir de sa femme pendant ses règles, elle doit porter un pagne qui couvre son corps de ses hanches à ses genoux. La pénétration n'est pas permise en cette période et il ne doit jamais pénétrer l'anus. Si l'homme souhaite faire l'amour à nouveau, il doit laver ses parties intimes et accomplir les ablutions.

Ne pas couper ses cheveux, ses ongles, ni pratiquer la saignée en état d'impureté majeure. Quant à la pratique du coït interrompu (éjaculation en dehors du vagin), cela est permis, bien que non recommandé.

Onzièmement : le comportement relatif à la naissance.

Il se compose de six règles.

1- Ne pas se réjouir de manière exagérée lors de la naissance d'un garçon ni s'attrister de la naissance d'une fille. Le père ne sait pas en lequel se trouve le plus grand bien.

2- Réciter l'adhan dans l'oreille du nouveau-né après sa naissance.

3- Lui donner un bon nom. Muslim rapporte : « **Parmi les noms que vous donnez, les plus aimés d'Allah sont**

'Abdullah et 'Abd Al-Rahman. »[1]

Il est recommandé, à celui qui possède un nom détestable, de le changer, car le Prophète (paix sur lui) a changé les noms de plusieurs personnes.

Parmi les noms réprouvés se trouvent Aflah (le plus prospère), Nafi' (le plus profitable), Yasar (opulence), Rabah (profit) et Baraka (bénédiction), car les gens pourraient se dire : « Est-ce que cette personne possède vraiment cette qualité ? » alors qu'il se peut que la réponse soit négative.[2]

4- Sacrifier deux moutons pour un garçon et un pour une fille.

5- Frotter le palais de l'enfant avec une datte ou une sucrerie.

6- Circoncire l'enfant.

Douzièmement : le divorce est permis, mais il s'agit de la chose la moins aimée d'Allah parmi tout ce qui est permis.[3]

Il est détestable pour un homme de divorcer soudainement de sa femme, sans qu'elle ait commis de préjudice préalable.

De même, il n'est pas permis à la femme de forcer la main à son mari pour qu'il divorce d'elle. S'il souhaite divorcer, il doit respecter quatre points :

Il doit divorcer d'elle pendant une période hors règles, sans qu'ils aient eu de rapports intimes. De cette manière, la période de retraite de la femme ne sera pas longue.

---

1   Rapporté par Muslim.
2   Rapporté par Muslim.
3   Le hadith : « **Ce qu'Allah déteste le plus parmi les choses permises est le divorce.** » est faible. Il a été rapporté par Abu Dawud et Al-Bayhaqi selon Ibn 'Umar (qu'Allah l'agrée). Le grand savant Al-Albani a présenté une critique de ce hadith dans *Irwa' Al-Ghalil*.

Il ne doit divorcer qu'en une seule fois [en ne prononçant qu'une seule fois la répudiation] afin qu'il puisse la récupérer s'il regrette.

Il doit gérer la situation avec douceur en donnant à la femme chagrinée ce qui la réconforte. En effet, il a été rapporté que lorsque Al-Hasan Ibn 'Ali (qu'Allah l'agrée) a divorcé d'une femme et lui a envoyé dix mille dirhams. Elle a répondu à cela en disant : « Une petite réjouissance de la part d'un bien-aimé qui s'en est allé. »

Il ne doit pas divulguer ses secrets. Muslim rapporte : « Parmi les personnes qui auront les pires des rangs auprès d'Allah le Jour de la Résurrection se trouve celui qui se confie à sa femme comme elle se confie à lui et qui ensuite divulgue ses secrets. »[1]

On rapporte qu'un des pieux voulut un jour divorcer sa femme. Lorsqu'on lui demanda : « Qu'est-ce que tu n'aimes pas chez elle ? », il répondit : « Celui qui est intelligent ne révèle pas de secret. ». Après avoir divorcé d'elle, on l'interrogea : « Qu'est-ce qui t'a poussé à divorcer d'elle ? ». Sa réponse fut : « Je ne souhaite pas parler d'une femme qui n'est pas la mienne. ».

Tout ce qui vient d'être mentionné se rapporte aux devoirs du mari. La seconde partie d'une vie conjugale réussie se rapporte au comportement de l'épouse.

Abu Umamah (qu'Allah l'agrée) rapporte qu'il a entendu le Messager d'Allah (paix sur lui) dire : « **S'il avait été permis à une personne de se prosterner devant une autre, j'aurais ordonné aux femmes de se prosterner devant**

---

1   Rapporté par Muslim.

leurs maris. »[1].

Cela est dû à leur immense devoir envers leur époux. Il existe de nombreux récits qui soulignent les droits du mari envers sa femme. Ces droits sont multiples, mais les deux plus importants sont :

1- la pudeur et la chasteté
2- le contentement.

Tel fut le comportement des femmes du temps des Pieux Prédécesseurs. Lorsqu'un homme quittait son foyer, sa femme lui disait : « Prends garde au gain illicite, car nous pouvons supporter la faim, mais nous ne pouvons pas endurer le feu. »

Elle ne doit pas faire preuve de négligence envers ses biens. Si elle nourrit d'autres avec son consentement, elle obtient la même récompense que lui. En revanche, si elle le fait sans sa permission, il obtient la récompense et elle obtient le péché.

Ses parents doivent l'éduquer avant de la marier afin qu'elle sache comment vivre avec son mari.

Une femme doit rester dans son foyer, occupée par ses travaux.

Elle ne doit pas trop discuter avec les voisins et doit rester à l'écart des gens quand son mari est absent.

Elle se doit de le protéger en sa présence et en son absence.

Elle doit constamment chercher à le rendre heureux. Elle ne le trahit pas lorsqu'il vient à elle ou qu'il rentre chez lui et ne doit laisser personne entrer qu'il déteste ni personne

---

1   Rapporté par Abu Dawud. Authentifié par Al-Albani.

d'autre sans sa permission.

Qu'elle se préoccupe de sa propre personne et qu'elle prenne soin de sa famille en servant son foyer du mieux qu'elle peut.

Elle doit mettre les droits de son mari avant ses propres droits et les droits de ses proches.

Chapitre 3 : Le comportement relatif au fait de gagner sa vie

Sache que dans Sa Bonté et dans Sa Sagesse, Allah L'Éxalté, le Très-Haut, a fait de ce monde un endroit de travail et de gains, parfois pour gagner sa vie et parfois pour gagner l'Au-delà.

Nous allons maintenant expliquer le comportement relatif au commerce et aux transactions, la nécessité d'avoir un revenu ainsi que la manière correcte de gagner sa vie.

1- Les mérites du travail et l'exhortation à l'accomplir

Allah dit (traduction relative des versets) :

« **Et nous avons assigné le jour pour les affaires de la vie** »[1]

Il a mentionné cela en vue de montrer Ses bienfaits [envers l'humanité]. Et Il, le Très-Haut dit :

« **Certes, Nous vous avons établis sur terre et Nous vous y avons assigné des moyens de subsistance. (Mais) vous êtes très peu reconnaissants !** »[2]

Il a donc fait de la subsistance un bienfait et a demandé de la reconnaissance pour cela. Et Il, le Très-Haut, dit :
« **Ce n'est pas un péché pour vous que de rechercher la**

---

1   Sourate 78 : La Nouvelle, verset 11
2   Sourate 7 : Al-A'raf, verset 10

grâce de votre Seigneur. »[1]

Le Prophète (paix sur lui) a dit : « **Chercher le licite est un jihad.** »[2]

Et : « **Certes, Allah aime le serviteur qui a un métier.** »[3]

Dans un hadith de la compilation d'Al-Boukhari, le Prophète (paix sur lui) dit : « **Personne n'a mangé de meilleure nourriture que celle qu'il a gagnée de ses propres mains. En effet, David, le Prophète d'Allah (paix sur lui) mangeait ce qu'il gagnait de ses mains.** »[4]

Dans un autre hadith, il (paix sur lui) dit : « **Le Prophète Zacharie (paix sur lui) était un menuisier.** »[5]

Ibn 'Abbas, qu'Allah l'agrée a dit : « Adam (paix sur lui) était un agriculteur, Noé (paix sur lui) était un charpentier, Idriss (paix sur lui) était un tailleur, Abraham (paix sur lui) et Lot (paix sur lui) étaient fermiers ; Salih (paix sur lui) fut un commerçant, David (paix sur lui) forgeait des armures et Moïse, Shu'ayb et Muhammad (paix sur eux), furent des bergers. »

D'autres rapportent que Luqman le sage a dit à son fils : « Ô mon fils, cherche à te protéger de la pauvreté à travers le gain licite, car certes, pas un seul ne devient pauvre sans qu'il ne soit touché par trois choses : une faiblesse dans sa religion, des lacunes dans sa raison et une perte de sa dignité. Et le fait que les gens le rabaissent est pire que ces trois. »

---

1   Sourate 2 : La Vache, verset 198
2   Jugé faible par Al-Albani.
3   Rapporté par Al-Tabarani. Jugé faible par Al-Albani.
4   Rapporté par Al-Boukhari.
5   Rapporté par Muslim.

On demanda une fois à Ahmad Ibn Hanbal :

« Que dis-tu de l'homme qui reste chez lui ou à la mosquée et qui dit : « Je ne ferais rien, ma subsistance viendra à moi » ? ».

Ahmad répondit :

« Il s'agit d'un homme qui manque de savoir. N'a-t-il pas entendu les mots du Prophète (paix sur lui) : « Allah a placé ma subsistance à l'ombre de ma lance » ?[1]. Il (paix sur lui) dit à propos des oiseaux : **« Ils partent le matin le ventre vide et rentrent le soir le ventre plein. »**[2]

En effet, les Compagnons du Messager d'Allah (paix sur lui) commerçaient à la fois sur terre et sur mer. Ils travaillaient dans leurs palmeraies et ils sont ceux qui doivent être pris pour modèles.

Abu Sulayman Al-Darani a dit : « L'adoration, selon nous, ne consiste pas à ce que tu te tiennes debout, un pied à côté de l'autre [c'est-à-dire en priant] pendant qu'un autre se fatigue pour toi. Commence par t'assurer de disposer de tes deux morceaux de pain puis dévoue-toi à l'adoration. »

Si, maintenant, l'on cite les propos d'Abu Al-Darda (qu'Allah l'agrée) : « J'ai recherché le commerce et l'adoration. Ils ne peuvent pas être combinés, j'ai donc choisi l'adoration. », la réponse est que le commerce n'est pas un but en lui-même. En revanche, subvenir suffisamment aux besoins de sa famille et se montrer généreux envers son frère le sont.

Quant au fait d'amasser les biens, de se vanter avec ou de rechercher d'autres objectifs similaires, alors cela est condamnable.

---

1   Rapporté par Ahmad. Jugé authentique par Al-Albani.
2   Rapporté par Al-Tirmidhi. Jugé authentique par Al-Albani.

Il incombe au contrat, par lequel ce gain est réalisé, de remplir quatre conditions : la validité, l'équité, la générosité et le souci de la religion.

a) La science de la validité de la vente, de l'achat et des transactions

Si la transaction est une vente, ses trois piliers doivent être examinés : les parties contractuelles, la marchandise et la formulation.

1- Concernant les parties contractuelles, un commerçant ne doit pas faire de transactions avec une personne touchée par la folie, car elle n'est pas légalement responsable. Ses achats et ses ventes ne sont donc pas valides. Il ne doit pas non plus commercer avec un esclave à moins qu'il sache qu'on lui a donné la permission d'acheter. Le même principe s'applique aux enfants : il ne doit rien leur vendre à moins que leur père ou leur gardien leur aient donné la permission. Dans ce cas, la même règle que celle de la permission donnée à l'esclave s'applique à eux. Al-Shafi'i fut d'avis que les transactions de l'enfant ne sont pas légales, peu importe le cas. Quant aux transactions de l'aveugle, nous les considérons comme valides. Ses achats et ses ventes sont donc légaux. Al-Shafi'i, cependant, ne fut pas de cet avis.

Pour ce qui est des injustes et de ceux dont les biens sont majoritairement illicites, le commerce avec eux ne doit être pratiqué que lorsque l'on sait que les biens qu'ils proposent sont licites.

2- Concernant la marchandise, qui est la propriété vendue, il faut savoir que vendre des chiens n'est pas permis à cause de leur impureté. Quant aux mules et aux ânes, ils peuvent être vendus, qu'on les considère comme purs ou non. Vendre des insectes n'est pas permis, de même que les instruments de musique comme la flûte, le luth, les statuettes en argile et d'autres choses de ce genre. Il n'est également pas permis de vendre ce qu'on ne peut en réalité pas livrer ou qu'il n'est pas permis de livrer selon la Législation de l'Islam. On peut citer par exemple le cas d'un oiseau qui vole dans le ciel ou d'un esclave qui s'est enfui. Quant à ce qu'il n'est pas permis de livrer, on peut citer l'exemple du fait de vendre un bien mis en hypothèque ou une mère (esclave) sans son jeune enfant. Il est illicite de livrer des choses de ce genre.

3- Concernant la formulation, celle-ci doit contenir une offre et une approbation. Si l'approbation est prononcée avant l'offre, la transaction est invalide selon l'un des deux avis (de l'imam Ahmad) et valide selon l'autre. Le jugement s'applique que la formulation soit au passé ou sous la forme impérative. Si la transaction est conclue sans paroles, ce qu'il apparait des propos de Ahmad est qu'elle est valide. Qadi Abu Ya'la, cependant, considère que ce type de transactions n'est valide que dans le cas de marchandises de petites valeurs. Il s'agit là de l'opinion la plus solide, car les gens sont habitués à cela. Il convient cependant d'être prudent en n'omettant ni l'offre ni l'approbation. En choisissant l'avis le plus prudent, on évite ce qui est douteux.

Allah le Très-Haut a sévèrement averti contre l'usure. Il faut donc prendre garde à elle.

L'usure est de deux types : l'usure de l'excès et l'usure du délai. Il est impératif de connaître cela ainsi que les choses auxquelles les règles de l'usure s'appliquent. Il faut également connaître les règles de la vente anticipée (al-salam), de l'embauche, de la location et du partenariat, car toutes les transactions commerciales tournent autour de ces contrats.

b) L'équité dans les transactions, l'absence d'injustice et l'interdiction de la thésaurisation

Ce que nous désignons ici par injustice est le fait d'accomplir un acte qui porte préjudice aux autres. Ce préjudice soit s'étend à tout le monde, soit s'applique à des personnes spécifiques.

1- Ce qui porte préjudice en général : la thésaurisation. Elle n'est pas permise, car elle mène à la hausse des prix et empêche les gens d'accéder aux denrées alimentaires. Ce qui est désigné par « thésaurisation » est le fait d'acheter une grande quantité de produits dans le but d'augmenter les prix. Cela ne s'applique pas au fait de retenir la production de sa propre terre. De même, n'est pas considéré comme thésauriser le fait d'acheter en grande quantité en période d'abondance et de prospérité sans causer de difficulté aux gens. De manière générale, commercer avec les produits alimentaires est détestable, car les humains en ont besoin pour survivre.

2- Ce qui porte préjudice à des gens en particulier : attribuer à la marchandise des qualités qu'elle ne mérite pas ou dissimuler certains de ses défauts, faisant ainsi du tort au client. Le Prophète (paix sur lui) a dit : « **Celui qui nous trompe n'est pas des nôtres.** »[1]

Sache que la tromperie est illicite à la fois dans le commerce et dans la production. On demanda à l'imam Ahmad s'il était possible de raccommoder un vêtement dans le but de cacher un défaut. Il répondit : « Il n'est pas permis de le dissimuler si on souhaite le vendre. »

Le commerçant doit peser avec précision. Pour s'assurer de cela, il doit donner plus et prendre moins.

Le marchand de fourrage qui mélange de la terre avant de mesurer la marchandise sera coupable de fraude. Le même

---

1   Rapporté par Muslim.

principe s'applique au boucher qui mélange la viande avec des os qui, à la base, n'étaient pas présents.

Il est également interdit de faire une offre anormalement élevée pour une chose que l'on n'a pas l'intention d'acheter, cela en vue de tromper un autre client potentiel[1]. De même, il est interdit de laisser une chamelle sans la traire pendant plusieurs jours dans le but de faire croire aux clients qu'elle produit beaucoup de lait.

c) La générosité dans les transactions

Allah le Très-Haut nous a ordonné de faire preuve de justice et de générosité les uns envers les autres. L'une des formes de la générosité prend place au cours de l'achat et de la vente.

Il ne convient pas de négocier pour obtenir plus que ce à quoi les gens sont habitués. Cela ne signifie pas qu'il est interdit de négocier, car le but de la vente est de réaliser du profit. Il faut, cependant, faire preuve de modération.

Si le client désire vraiment la marchandise et fait une offre plus élevée que ce que les gens ont l'habitude de payer, alors le commerçant doit la refuser. Il s'agit là d'une forme de générosité.

En ce qui concerne le commerçant qui souhaite récolter le paiement total de la marchandise ou d'une dette d'un client, il lui est recommandé d'y renoncer complètement, de le diminuer, d'accorder un délai, d'être indulgent, ou de ne pas être trop exigeant.

Si le client cherche à annuler la vente, le commerçant doit faire preuve de bonté et l'annuler, car un client ne cherche

---

1 Rapporté par Al-Boukhari & Muslim

l'annulation d'un achat qu'en raison d'un préjudice.

Plusieurs textes mentionnent le mérite et la récompense de ce qui vient d'être cité.

d) Le souci de la religion chez le commerçant

Le commerçant doit être préoccupé par ce qui concerne son au-delà. Ainsi, il ne doit pas laisser ses gains le distraire de la vie d'après et doit prendre soin de ses devoirs religieux.

Ce souci de la religion ne peut se réaliser qu'en respectant six principes :

1- La bonne intention : son but doit être de subvenir à ses besoins afin qu'il se passe du fait de demander aux autres ou d'espérer leur aide. Il doit également chercher à être capable de prendre soin de sa famille, devenant ainsi l'un de ceux qui luttent dans le sentier d'Allah. Il doit s'acquitter du devoir d'être de bon conseil pour les musulmans.

2- Il doit produire et vendre avec l'intention d'accomplir une obligation collective. Après tout, si la production et la vente étaient laissées à l'abandon, les gens seraient incapables de survivre. Cela étant dit, il existe des types de produits nécessaires et d'autres qui ne le sont pas, car ils ne génèrent que beauté et plaisir. Le commerçant doit donc se concentrer sur un produit important, qui remplit un besoin majeur des musulmans. Qu'il évite les moulures, les sculptures et la construction de bâtisses plâtrées et décorées, car tout cela est détestable.

Le tailleur qui réalise un qaba[1] en soie pour un homme commet un péché.

---

1   Le Qaba est une pièce portée par-dessus les vêtements ou un habit qui s'enroule autour du corps.

Le métier de boucher est détestable, car il endurcit le cœur.

Faire le ménage ou pratiquer la saignée sont des métiers également réprouvés, car ils impliquent un contact direct avec les impuretés. C'est aussi le cas du métier de tanneur.

Il n'est pas permis de récolter de l'argent en échange de l'enseignement du Coran, d'actes d'adoration ou d'obligations collectives.

3- Il ne doit pas laisser le commerce de la vie d'ici-bas l'empêcher de faire le commerce de l'au-delà qui se trouve à la mosquée. Ainsi, il doit réserver une part de sa journée pour son au-delà avant de se rendre au marché et il doit réciter régulièrement ses invocations. En effet, les commerçants parmi nos pieux prédécesseurs avaient pour habitude de réserver le début et la fin de leurs journées pour l'au-delà et pratiquer le commerce en milieu de journée. Ensuite, lorsque le commerçant entend l'adhan du Dhohor et de Al-'Asr, il se doit de quitter son commerce et de s'occuper de l'obligation en cours.

4- Au marché, il doit se rappeler d'Allah le Très-Haut constamment en récitant le tasbih « SoubhanAllah » et le tahlil « La ilaha illAllah ».

5- Il ne doit pas être avide de se rendre au marché et de commercer. Ainsi, qu'il ne soit ni le premier à se rendre au marché, ni le dernier à le quitter.

6- Il doit non seulement éviter l'illicite, mais également ce qui est douteux. Il ne doit pas seulement suivre les avis juridiques, mais il doit plutôt aussi consulter son cœur si quelque chose le fait hésiter.

Chapitre 4 : Le comportement relatif au licite et à l'illicite

Sache que la recherche du licite est obligatoire pour chaque musulman. De nombreux ignorants ont prétendu que plus rien n'est désormais licite en dehors de l'eau fraîche et de l'herbe qui pousse sur le sol. Selon eux, en dehors de cela, tout a été anéanti par des transactions invalides.

Lorsque les gens ont commencé à penser de la sorte tout en réalisant qu'ils devaient se nourrir, ils se sont mis à devenir laxistes vis-à-vis de ce qui est ambigu et de ce qui est illicite. Tel est le résultat de l'ignorance et du manque de savoir.

On trouve dans les deux Sahih, d'après Al-Nu'man Ibn Bashir (qu'Allah l'agrée) que le Prophète (paix sur lui) a dit : « **Le licite est clair et l'illicite est clair. Entre eux se trouvent des situations ambiguës.** »[1]

En raison du fait que le propos de ces ignorants est une innovation dont le mal s'est répandu et mélangé avec la religion, il convient d'exposer sa corruption en expliquant aux gens comment distinguer le licite de l'illicite et des choses ambiguës.

Nous allons développer ce sujet à travers les points qui suivent.

---

1   Rapporté par Al-Boukhari & Muslim.

Premier point : L'excellence de la recherche du licite, la condamnation de l'illicite et les degrés du licite et de l'illicite.

Allah a dit :

« Ô Messagers ! Mangez de ce qui est permis et agréable et faites le bien. »[1]

Le sens de « ce qui est permis et agréable » désigne le licite, et Il nous a ordonné de consommer de bonnes choses avant de nous ordonner de faire le bien.

Concernant la condamnation de l'illicite, Il a dit :

« Et ne dévorez pas mutuellement vos biens de manière injuste. »[2]

Il existe d'autres versets à ce sujet.

Abu Hurayrah (qu'Allah l'agrée) rapporte que le Messager d'Allah (paix sur lui) a dit : « Ô gens ! Allah est Bon et il n'accepte que ce qui est bon. ».

Abu Hurayrah ajoute : « Il mentionna ensuite un homme qui revenait d'un long voyage, les cheveux hirsutes et le corps couvert de poussières et qui leva ses mains au ciel en disant : « Mon Seigneur ! Mon Seigneur ! ». Cependant, sa nourriture était illicite, sa boisson illicite et ses vêtements illicites. Il s'était nourri d'illicite. Donc comment pouvait-il être exaucé ? »[3].

Il existe de nombreux textes à ce sujet.

---

1   Sourate 23 : Les Croyants, verset 51
2   Sourate 2 : La Vache, verset 188
3   Rapporté par Muslim

On rapporte que **Sa'd (qu'Allah l'agrée) demanda un jour au Messager d'Allah (paix sur lui) que son invocation soit exaucée. Il (paix sur lui) répondit : « Fais que ta nourriture soit bonne et ton invocation sera exaucée. »**[1]

En effet, les pieux prédécesseurs examinaient leur nourriture à la recherche du licite à tel point qu'une fois, Abu Bakr Al-Siddiq (qu'Allah l'agrée) sut qu'il avait mangé quelque chose de douteux et se fit alors vomir.

a) Les degrés du licite et de l'illicite

Sache que tout ce qui est licite est bon. Cependant, certaines choses sont meilleures que d'autres. De même, tout ce qui est illicite est mauvais, mais certaines choses sont plus mauvaises que d'autres.

Ce principe est à l'exemple du médecin qui explique que tout ce qui a du goût est épicé, mais qui affirme qu'un type en particulier est plus épicé que les autres.

Un autre exemple de cela consiste à acquérir une chose à travers un contrat invalide : il s'agit d'un acte illicite, mais moins grave que de s'en emparer par la force. Ce dernier acte est pire, car il implique de porter préjudice aux autres tout en négligeant la manière correcte d'acquérir les choses, alors que le contrat invalide implique seulement de ne pas correctement accomplir l'adoration. De même, s'emparer injustement des biens du pauvre ou du vertueux est plus grave encore que de prendre les biens du fort, du riche ou du dépravé.

b) Les degrés de la retenue

---

1   Al-'Iraqi dit dans *Takhrij Al-Ihya* : « Tabarani rapporte dans *Al-Awsat* : « Sa chaîne contient des rapporteurs que je ne connais pas. » »

Il existe quatre degrés de retenue :

Premier degré : La Retenue de la Droiture.

Elle consiste à se retenir d'accomplir tout ce qui pourrait être jugé comme étant illicite par des avis juridiques. Nul besoin de donner des exemples.

Second degré : La Retenue des Pieux.

Elle implique de s'écarter de toute chose douteuse qu'il est seulement recommandé, mais pas obligatoire d'éviter. Ce principe sera expliqué dans le point « Les degrés du douteux ».

Il s'agit du degré au sujet duquel le Prophète (paix sur lui) a dit : « **Renoncez à ce qui vous met le doute en faveur de ce qui ne vous met pas de doute.** »[1]

Troisième degré : La Retenue des Attentifs.

Elle consiste à éviter certaines choses licites de peur de tomber dans l'illicite.

Quatrième degré : La Retenue des Véridiques.

Elle implique d'éviter tout ce qui n'est pas pour Allah.

On rapporte par exemple que Yahya Ibn Yahya Al-Naysaburi but un jour un médicament. Sa femme lui dit : « Promène-toi un peu dans la maison afin que le remède commence à faire effet. ».
Il répondit : « Je ne sais pas me promener de la sorte, et je me rends des comptes vis-à-vis de moi-même depuis trente

---

1   Rapporté par Al-Tirmidhi. Jugé authentique par Al-Albani.

ans. »

Voilà un homme qui refusa de se promener, car il ne trouva en lui aucune intention religieuse de le faire. C'est là l'exemple d'une retenue très subtile et délicate.

En réalité, la retenue est constituée d'un début, d'une fin et de plusieurs degrés entre ces deux. Plus l'on est scrupuleux envers soi, plus vite on traversera le pont [le Jour du Jugement] et plus léger sera le fardeau.

Les stations dans l'au-delà varieront en fonction des différents degrés de retenue appliqués dans ce monde. De même, les stations de l'Enfer varieront pour les tyrans en fonction des différents degrés d'illicite [qu'ils auront accompli].

Donc si tu le veux, augmente ta retenue, et si tu le souhaites, dispense-toi. Tu n'es prudent que pour toi-même et tes dispenses ne touchent personne d'autre que toi.

Deuxième point : les degrés du douteux et comment le distinguer du licite et de l'illicite.

Le hadith de Al-Nu'man Ibn Bashir mentionne ces trois degrés, à savoir le licite, l'illicite et ce qui est ambigu. C'est ce dernier point qui nécessite d'être clarifié et que beaucoup de gens ignorent.

Nous allons donc maintenant faire la lumière sur cela en disant ce qui suit :

- Est strictement licite toute chose qui ne possède pas d'attributs intrinsèques qui la rendent illicite en elle-même, et pour laquelle il n'existe aucune raison externe d'être illicite ou détestable.

On peut citer pour exemple l'eau de pluie que l'on récupère avant qu'elle ne tombe sur la propriété d'un autre.

- Est strictement illicite tout ce qui possède de base un attribut illicite clair tel que l'ivresse du vin ou l'impureté de l'urine, ou qui a obtenu un attribut illicite par voie d'interdit comme l'injustice ou l'usure.

Il s'agit là de deux opposés clairs. Le même principe s'applique aux choses claires comme eux, mais qui peuvent changer à cause de facteurs ambigus.

Par exemple, le gibier pris sur terre ou en mer est licite, mais lorsque quelqu'un attrape une gazelle ou un poisson, il existe toujours une possibilité hypothétique que ceux-ci soient la propriété d'un autre chasseur dont elle se serait échappée. Une telle situation ne s'applique pas à l'eau de pluie récupérée alors qu'elle se trouve encore dans l'air.

Cette manière de penser, toutefois, n'est rien d'autre qu'une prudence exagérée de la part des suspicieux excessifs. Il ne s'agit que de suppositions sans fondements. La prudence réelle ne s'applique qu'en présence d'un indice concret à l'exemple d'une plaie. Mais l'on ne peut pas savoir si elle a été infligée par sa capture, comme la cautérisation le prouverait par exemple, ou s'il s'agit d'une blessure normale.

- Quant à la définition des choses douteuses, il s'agit de tout ce en quoi il existe deux opinions contradictoires, toutes deux résultant d'une cause. Il existe de nombreux exemples qui illustrent ce type de scénarios, mais les plus importants sont de deux sortes :

1- Le doute raisonnable au sujet de ce qui a rendu quelque chose licite et illicite. Ce cas se divise en quatre catégories :

Première catégorie : lorsque l'illicite est préalablement connu et que l'on doute ensuite du fait qu'il soit devenu licite ou non.

Ce type de doute doit impérativement être évité et il n'est pas permis d'agir en fonction de lui.

Exemple : un chasseur repère un animal et le blesse au point qu'il tombe dans l'eau. Après l'avoir rejoint, le chasseur se rend compte de la mort de l'animal. S'il n'arrive pas à savoir si la cause de la mort est la noyade ou la blessure, il ne lui est pas permis d'en manger. Le principe qui justifie cela est que la présomption légale ira toujours en direction de l'interdit.

Deuxième catégorie : Lorsqu'il y a un doute concernant un facteur illicite touchant une chose connue comme étant licite.

Dans ces situations, la présomption légale est qu'elle est licite.

Exemple : deux hommes aperçoivent un oiseau volant au-dessus d'eux. L'un des deux dit : « Si c'est un corbeau, je divorce de ma femme ! ». Puis, l'autre dit : « Si ce n'est pas un corbeau, je divorce de ma femme ! ». Si la situation ne devient pas claire, nous ne déclarons aucune des femmes comme étant divorcée. La prudence, cependant, exige que les deux hommes doivent divorcer leurs femmes et rester loin d'elles.

Troisième catégorie : Lorsqu'une chose est illicite, mais qu'ensuite un facteur nécessite quasiment qu'elle soit licite et que cela rend la situation ambigüe.

Ici, le jugement préférable est qu'elle est licite.

Exemple : un homme tire sur un gibier qui s'enfuit. Il le perd alors de vue et le trouve plus tard mort, sans aucun autre signe que sa flèche. Si un animal s'enfuit hors de la vue du chasseur après que ce dernier l'ait blessé et qu'il le trouve ensuite mort sans aucune autre marque que celle laissée par sa flèche, alors il est évident que cet animal est licite.

Cela en raison du fait que si une hypothèse ne se fonde sur aucune preuve, l'envisager est alors considéré comme un doute infondé. Si, en revanche, l'animal montre des marques de blessures par coups ou autre, son statut est celui de la première catégorie.

Quatrième catégorie : Lorsqu'une chose est connue pour être licite, mais que l'on considère qu'il est presque certain qu'un élément important de la législation la rende illicite.

Exemple : une personne pourrait penser que l'un de deux récipients est impur en raison d'un signe qui implique la forte probabilité que cela soit le cas. Il est alors illicite pour elle de boire de cette eau ou de l'utiliser pour les ablutions.

2- Lorsqu'une chose licite et une chose illicite sont mélangées au point qu'une personne soit incertaine de pouvoir les distinguer.

Dans ce cas, différents scénarios sont possibles :

Le premier type de mélange concerne un animal mort non sacrifié mélangé à une bête légalement sacrifiée, à dix bêtes légalement sacrifiées ou quel que soit leur nombre. Il concerne aussi le cas d'une sœur [de lait] que l'on ne saurait distinguer d'une femme étrangère. Il est obligatoire d'éviter ce genre de cas douteux.

Le deuxième type de mélange concerne le cas d'une quantité limitée d'illicite mélangée avec une quantité illimitée de licite. C'est par exemple le cas d'une sœur de lait, ou même dix d'entre elles, réparties dans une grande ville. De telles circonstances n'impliqueraient pas qu'un homme [sans savoir exactement qui elles sont] doit éviter de se marier dans cette ville. Au contraire, il doit pouvoir se marier avec qui il le désire, car déclarer toutes les femmes [de la ville] illicites pour lui entraînerait de grandes difficultés.

De même, personne n'a de doute quant au fait qu'une certaine partie de l'argent de ce monde est illicite. Cependant, cela ne nous empêche pas d'acheter et de manger. Un tel jugement serait en effet éprouvant.

Le Messager d'Allah (paix sur lui) et ses Compagnons furent conscients que certaines personnes pratiquaient l'usure. Pourtant, cela ne les empêcha pas complètement de dépenser des dirhams. Ils savaient également qu'un bouclier fut volé en leur temps, mais ils ne cessèrent pas pour autant d'acheter des boucliers. Cette abstinence n'est donc rien d'autre que la prudence exagérée des suspicieux excessifs !

Le troisième type de mélange se compose d'une quantité illimitée d'illicite mélangée avec une quantité illimitée de licite comme l'argent qui circule à notre époque.

Cela n'implique pas que prendre une part issue de ce mélange est illicite à moins qu'une preuve indique que cette part spécifique est issue de l'illicite.

Un exemple de ce cas consisterait à accepter l'argent de la main d'un dirigeant despotique : s'il n'y a aucun signe [d'illicite], il est plus prudent de s'en abstenir, mais prendre cet argent n'est pas illicite.

Il est connu qu'à l'époque du Messager d'Allah (paix sur

lui) de même que du temps des Califes Bien-Guidés après lui, l'argent issu des transactions relatives à l'alcool, l'usure ou aux butins de guerres injustement récupérés, était mélangé avec le reste.

Les Compagnons ont aussi vu des dirigeants tyranniques et lorsque Médine fut pillée, cela n'empêcha pas les gens d'acheter et de vendre au marché [après sa réouverture]. Si ces transactions n'étaient pas valides, la porte de chaque transaction aurait été scellée, car la désobéissance prédomine chez la plupart des gens.

L'argent et les biens sont par défaut licites. Or, si un statut juridique par défaut et ce qui fait partie du commun entrent en conflit et qu'il n'y a aucune preuve en faveur de ce qui fait partie du commun, la préférence est accordée au statut juridique par défaut. C'est ce que nous avons expliqué au sujet de la poussière dans les rues et à propos des récipients des polythéistes.

En effet, 'Umar (qu'Allah l'agrée) a accompli ses ablutions avec des récipients de chrétiens, même s'il était connu qu'ils buvaient du vin, consommaient de la viande de porc et n'étaient pas attentifs aux impuretés.

Les Compagnons portaient des vêtements teintés et en peau tannée. Celui qui connait le travail des teinturiers et des tanneurs sait qu'ils sont couverts d'impuretés. Cela montre clairement qu'ils ne se préoccupaient que des impuretés qu'ils pouvaient voir ou de la souillure prouvée par un signe. Quant à la suspicion et à la supposition fondées sur des circonstances, ils n'y prêtaient pas attention.

Certains pourraient maintenant affirmer : « Les Compagnons étaient connus pour être particulièrement scrupuleux en matière de pureté, car ils évitaient tout ce qui aurait pu être illicite, donc quelle est la différence ? ».

Nous répondons à cela en disant que si tu veux signifier qu'ils avaient l'habitude de prier avec des impuretés sur eux, alors tu as tort, mais si ce que tu cherches à dire est qu'ils évitaient toutes les impuretés qui devaient être évitées, alors tu as raison. Quant à leur éloignement des situations douteuses, il consistait à s'écarter des choses autorisées par peur des choses interdites. Contrairement à l'impureté, l'âme a un penchant pour les biens, peu importe leur forme. Or, les Compagnons avaient pour habitude de s'abstenir des choses licites qui occupaient leurs cœurs. Et Allah sait mieux.

Troisième point : examiner la licéité d'une chose et se renseigner à ce sujet

Sache que si l'on t'offre de la nourriture, qu'on te fait un cadeau ou que tu veux acheter quelque chose à quelqu'un, il ne t'est pas permis de dire : « Je ne suis pas sûr que cela soit licite, j'ai besoin de me renseigner à son sujet. ».

Ceci étant dit, il ne t'est pas permis de complètement t'abstenir de te renseigner à son sujet non plus. Plutôt, il est parfois essentiel que tu poses la question, parfois obligatoire, parfois interdit, parfois recommandé et parfois détestable.

Voici une explication qui résume ce point : ce qui permet d'interroger est le doute.

Or, le doute apparait à cause d'une chose relative à l'argent ou au bien en question ou relative au propriétaire de ce bien ou de cet argent.

Par exemple, si le propriétaire est inconnu, car il ne porte aucun signe de personne injuste, comme les habits militaires, ni d'homme pieux, comme les vêtements des savants ou des ascètes, alors il n'est pas obligatoire de l'interroger sur quoique ce soit. En réalité, il n'est pas permis de le questionner, car cela implique l'humiliation et le préjudice envers un autre musulman.

Les biens de ce type ne sont pas désignés comme étant douteux. En effet, une chose n'est définie comme douteuse que lorsque le doute qui la concerne provient d'une preuve. Comme exemple de preuve, on peut citer la ressemblance à un turc[1], à un des Bédouins connus pour leur injustice, ou à un brigand. Même dans ce cas, il est permis de commercer avec lui, car le fait qu'il possède le bien indique qu'il en est le propriétaire et les signes cités précédemment ne sont pas des preuves suffisamment fortes. Néanmoins, fait partie de la prudence méritoire que de s'abstenir de commercer avec lui.

Quant au doute concernant le bien ou l'argent en eux-mêmes, il peut arriver, par exemple, que le licite soit mélangé avec l'illicite.

Si de la nourriture volée arrive au marché et que les commerçants l'achètent, il n'est pas obligatoire pour les clients du marché de cette ville de poser des questions sur la nourriture qu'ils achèteront. Le questionnement ne devient nécessaire que lorsqu'il est probable que la majorité de ce qui est proposé est illicite. En revanche, si ce n'est pas le cas, il sera prudent d'enquêter, mais pas obligatoire.

Le même principe s'applique à l'homme qui possède de l'argent licite et illicite.

Il pourrait être, par exemple, un commerçant dont l'ac-

---

1   C'est-à-dire l'un de leurs soldats. Ce fut le cas à l'époque de l'auteur, comme le souligne Al-Zabidi dans *Sharh Al-Ihya*.

tivité est valide de manière générale, mais qui pratique des transactions usurières.

Si la majorité de son argent est illicite, il n'est pas permis de répondre à son invitation ni d'accepter ses cadeaux avant de se renseigner. Si par la suite on se rend compte que ce qui est offert provient d'une source licite, il est autorisé de l'accepter. Dans le cas contraire, on doit s'abstenir.

Si la majorité de son argent est licite, ce qu'il offre est considéré comme étant douteux. La personne prudente s'en écartera.

Sache qu'on ne doit interroger qu'à cause d'un doute, donc le questionnement ne se termine que lorsque la cause du doute a disparu. Cela signifie que celui qui est interrogé ne doit pas être une personne suspecte. S'il est suspect et que tu sais qu'il a un motif ultérieur en t'invitant ou en t'offrant un cadeau, tu ne dois pas croire ses mots. Plutôt, tu dois demander à quelqu'un d'autre.

Quatrième point : Comment le repenti compense-t-il son injustice pécuniaire ?

Sache que quiconque se repent alors qu'il possède des biens ou de l'argent dont une partie a été obtenue de manière illicite doit obligatoirement trier et extraire l'illicite du licite.

Si le montant est connu, alors l'affaire est simple. En revanche, s'il est dans l'incapacité de distinguer l'un de l'autre, il doit examiner plus en profondeur.

Si l'illicite et le licite sont de même nature (récoltes, argent, huiles...) et que le montant est connu, il retire ce montant.

Dans les cas plus complexes, deux options se présentent.

La première consiste à prendre ce qui est le plus probablement correct et la seconde à prendre ce qui suffit à ne laisser aucune place au doute.

Après avoir isolé les possessions illicites, il est impératif qu'il les rende au propriétaire ou à ses héritiers si le propriétaire est connu. Si ces possessions spécifiques ont augmenté en valeur ou en profit, il doit tout réunir et tout donner au propriétaire légitime.

S'il n'a aucun espoir de retrouver le propriétaire et ne sait pas si celui-ci est mort ou non ou s'il a laissé des héritiers, il doit alors donner ces possessions en aumône.

Si l'argent a été pris du butin ou de ce qui est réservé à l'intérêt des musulmans, il doit le dépenser dans la construction de ponts, de mosquées et dans le développement de la route vers la Mecque de façon à ce que cela profite aux voyageurs musulmans.

Celui qui possède à la fois de l'argent licite et douteux doit utiliser le licite pour lui-même. Il doit d'abord porter considération à sa nourriture et ses vêtements avant de se préoccuper de choses telles que le salaire du praticien de la hijama ou les frais engendrés par le fait d'allumer le four.

Cela, car le Prophète (paix sur lui) a dit à propos des gains du praticien de la hijama : « **Nourris ton chameau avec.** »[1]

Si les gains des parents sont illicites, il faut s'abstenir de se nourrir avec. Si leur argent provient d'une source douteuse, il faut les conseiller avec douceur. S'ils refusent le conseil, il ne faut en prendre qu'en petite quantité.

---

1   Rapporté par Al-Tirmidhi. Authentifié par Al-Albani.

En effet, on rapporte que la mère de Bishr Al-Hafi lui donna un jour une datte qu'il mangea. Il monta ensuite dans la chambre et la vomit.

Cinquième point : Les présents et les cadeaux faits par les gouverneurs, le fait d'être proche d'eux et les façons permises de fréquenter les dirigeants injustes.

Sache qu'avant d'accepter un cadeau du dirigeant, celui qui le reçoit doit prendre en considération la manière dont ce présent est arrivé en possession du dirigeant en premier lieu ainsi que sa provenance. Il doit savoir si la nature du cadeau lui permet de l'accepter et si lui-même mérite ce présent.

Certains (parmi les pieux) avaient pour habitude de faire preuve de retenue et évitaient cela alors que d'autres l'acceptaient puis le donnaient en aumône.

Quant aux temps actuels, il est préférable de s'en écarter, car la manière dont l'argent a été acquis est connue et il ne peut être reçu que par voie d'humiliation, de demande ou par volonté d'éviter la critique.

L'un des pieux prédécesseurs refusa d'en prendre en se basant sur le fait que d'autres qui le méritaient également s'en étaient abstenus, mais cela n'est pas du tout approprié. S'il l'avait pris, il n'aurait obtenu que ce qui lui est dû, bien que les autres auraient demeuré dans leur position d'opprimés. Cet argent n'était pas une propriété commune à tous.

c) Le statut de ceux qui fréquentent les dirigeants injustes

Sache que ta situation vis-à-vis des dirigeants injustes et de leurs représentants est l'une des trois suivantes.

La première consiste à ce que tu les visites. Il s'agit du pire

des cas, car on rapporte que le Prophète (paix sur lui) a dit :
« **Quiconque se rend aux portes des gouverneurs sera
éprouvé.**[1] **Plus un serviteur se rapproche du dirigeant,
plus il s'éloigne d'Allah.** »[2]

Hudhayfah (qu'Allah l'agrée) a dit : « Prenez garde aux
lieux de l'épreuve ! ».
On lui demanda : « Et quels sont-ils ? ».
Il répondit : « Les portes des gouverneurs. L'un de vous
visite le dirigeant, confirme ses mensonges et dit des choses à
son sujet qui ne sont pas vraies. »

Un dirigeant interrogea un ascète : « Pourquoi ne me vi-
sites-tu pas ? ».

Celui-ci répondit alors : « Je crains que si tu me rap-
proches de toi, tu me tentes, et que si tu me repousses, tu me
prives. Mais ta main ne possède rien de ce que je désire et il
n'y a rien dans ma main que je craigne de perdre. Ceux qui
sont venus à toi ne l'ont fait que pour n'avoir besoin d'aucun
autre en dehors de toi, et je me passe de toi grâce à Celui qui
t'a fait te passer de moi. »

Ces textes montrent clairement qu'il est détestable de fréquenter les dirigeants. De plus, ceux qui visitent les gouverneurs sont sujets à désobéir à Allah le Tout-Puissant, le Sublime, que ce soit par leurs actes, leurs paroles ou leur silence.

Quant aux actes, cela est dû au fait que la fréquentation
du dirigeant implique généralement de se rendre sur des lieux
injustement obtenus. En supposant que la propriété ne soit
pas volée, ce qui sera sous ses pieds, la tente ou quoique ce
soit d'autre qui lui servira d'abri sera généralement issu d'un

---

1   Rapporté par Abu Dawud. Jugé authentique par Al-Albani.
2   Rapporté par Abu Dawud. Jugé faible par Al-Albani.

argent illicite. Or, faire l'usage de cela est illicite.

Si l'on suppose que ces choses ne sont pas illicites non plus, il encourt quand même le risque de commettre d'autres péchés tels que se prosterner devant lui, se lever en sa présence, le servir, ou s'humilier face à lui en raison du pouvoir que ce dirigeant utilise pour opprimer les gens.

S'humilier pour un injuste est un péché. En réalité, celui qui s'humilie pour un riche en raison de sa fortune et pour aucune autre raison impliquant le rabaissement, un tiers de sa religion est perdu. En ayant cela à l'esprit, à quel point serait-il grave de s'humilier face à un injuste ?!

Embrasser sa main est également illicite, à moins qu'on ne le craigne. Ce n'est pas le cas du calife juste ou du savant qui, eux, méritent cela. Quant aux autres, il est seulement permis de les saluer.

Pour ce qui est des paroles, cela est dû au fait qu'il peut en venir à supplier l'injuste, faire son éloge, approuver ses propos mensongers que ce soit en hochant de la tête ou en montrant un visage jovial. Il se peut qu'il exprime également de l'amour ou de la loyauté envers lui, qu'il soit assoiffé de sa rencontre et qu'il lui souhaite une longue existence. La raison de cela est que dans la plupart des cas, l'invité ne s'arrête pas au fait de saluer le dirigeant, il s'exprime également. Ses mots ne manqueront pas de rentrer dans l'une de catégories mentionnées plus haut.

On rapporte les propos suivants : « Celui qui invoque pour la longue existence d'un injuste souhaite qu'Allah soit désobéi. »[1] Il n'est pas autorisé d'invoquer pour lui sauf en

---

1   Rapporté par Ibn Abi Al-Dunya dans *Al-Samt* comme étant les propos d'Al-Hassan Al-Basri.

disant quelque chose comme : « Qu'Allah te réforme » ou « Qu'Allah te mène vers le bien. »

Quant au silence, cela est dû au fait qu'il peut se rendre au sein d'une assemblée où l'on trouve des meubles recouverts de soie, des couverts en argents ainsi que de jeunes garçons habillés de vêtements interdits faits de soie, tout en gardant le silence. Quiconque assiste à cela sans dire un mot prend part au péché. De même, il se peut qu'ils les entendent proférer de viles paroles, des mensonges, de la calomnie et d'autres attaques de leurs langues. Demeurer silencieux face à cela n'est pas permis, car ordonner le bien et interdire le mal lui sont obligatoires.

Si tu dis maintenant que son silence est excusable du fait qu'il craint pour lui-même, nous répondons que tu as raison, mais que cela n'enlève rien au fait qu'il n'a nul besoin de s'exposer ainsi à l'illicite sans excuse. S'il ne le fréquente pas et assiste à ces choses, il ne lui est pas obligatoire d'ordonner ou d'interdire quoique ce soit. Celui qui connait la corruption d'un endroit et sait qu'il n'est pas capable d'y remédier par sa présence, il ne lui est pas permis de s'y rendre.

d) Se rendre chez les gouverneurs injustes pour un motif autorisé

Si nous en venions à supposer qu'il soit épargné de tout ce qui vient d'être mentionné - bien que cela soit farfelu – il ne pourra pas éviter la corruption qui s'immiscera en lui lorsqu'il les verra se complaire dans les plaisirs. Il finira alors par dénigrer les bienfaits dont Allah l'a doté. De plus, d'autres suivront son exemple dans la fréquentation du dirigeant. Il augmentera alors le nombre des partisans des injustes.

On rapporte que Sa'id Ibn Al-Musayyib fut un jour invité à prêter allégeance à Al-Walid et Sulayman, les deux fils de

'Abd Al-Malik. Il dit alors :

« Je refuserais de prêter allégeance à deux hommes [en même temps] aussi longtemps que la nuit suivra le jour. ».

On lui dit alors : « Entre par cette porte et sors par l'autre ! »

Il répondit : « Non, par Allah, je ne laisserais personne suivre mon exemple par cela ! ».

Il reçut, en conséquence, cent coups de fouet et fut habillé d'un vêtement en laine rugueuse.

À partir de ce qui a été mentionné, on peut déduire qu'il existe seulement deux excuses permettant de se rendre chez les dirigeants injustes :

1- Suite à leur demande et au fait que l'on craigne leur mal en cas de refus
2- Si cela permet de les empêcher de nuire à un musulman. Dans ce cas, être en leur présence est autorisé à condition de ne pas mentir, de ne pas faire d'éloges et de ne pas négliger de leur donner conseil si l'on pense qu'ils pourraient l'accepter.

Voilà pour ce qui concerne le jugement relatif à la visite des dirigeants.

La deuxième situation possible est que le dirigeant te visite. Dans ce cas, il est obligatoire de répondre à son salut. Quant au fait de se lever et de l'honorer en réponse à sa bonne attitude, ce n'est pas interdit ici. Cela en raison du fait que la manière dont il a honoré le savoir et la religion le rend digne d'éloges de la même façon que la manière dont il a oppressé les gens le rend digne de blâmes.
Si le dirigeant entre seul et que l'hôte juge bon de se lever

par honneur pour la religion, cela est mieux que de rester assis.

S'il entre avec un groupe d'hommes, tenir compte du statut solennel dont les gouverneurs jouissent auprès des gens est encore meilleur. Il n'y a alors aucun mal à se lever avec cette intention. Si, en revanche, on sait que rester assis ne causera aucun trouble parmi les gens et que l'on ne risque pas de préjudice de la part d'un dirigeant en colère, il est meilleur de ne pas l'honorer en se levant.

Ensuite, il est obligatoire de conseiller le gouverneur et de l'informer du statut illicite de ses actes s'il n'en connait pas le jugement légal.

Quant au fait de lui dire que l'injustice et la consommation de vin sont mauvaises, il n'y a aucun bienfait en cela. Ce qu'il convient plutôt de faire est de l'avertir contre le péché autant que l'on pense que cela touchera son cœur. Il faut également lui montrer la direction de l'intérêt collectif. Si l'on connaît un moyen légal pour l'oppresseur d'obtenir ce qu'il veut, on l'en informe.

La troisième situation consiste en ce que tu te tiennes éloigné d'eux de manière à ne pas vous fréquenter. Il s'agit de la voie la plus sûre. Il faut haïr leur injustice avec conviction. On ne doit pas désirer les rencontrer ni se sentir mal d'avoir manqué quelque chose du fait de ne pas être en leur compagnie. L'un des pieux prédécesseurs disait : « Il n'y a qu'un jour entre moi et les rois. Un jour qui vient de s'écouler et dont ils ne peuvent plus tirer de plaisir, alors qu'eux et moi sommes craintifs au sujet de demain. Il ne s'agit donc que d'un jour, et qui sait ce qui se passera aujourd'hui ! ».

Si le dirigeant t'envoie de l'argent et te demande de le distribuer aux pauvres, il ne t'est pas permis de le prendre si le véritable propriétaire est connu. Si le propriétaire est inconnu, il convient de le donner en aumône comme mentionné précédemment. Il faut alors sortir le distribuer aux pauvres. Certains savants, cependant, ont refusé de prendre ce type d'argent. Si la majorité de leur argent est illicite, il n'est pas permis de traiter avec eux.

En ce qui concerne les ponts, les mosquées et les canaux d'irrigation construits par les dirigeants injustes, il convient d'examiner la situation. Si les matières utilisées pour la construction appartiennent à un propriétaire spécifique, on ne peut utiliser ces endroits qu'en cas de nécessité. Si le propriétaire est inconnu, ils peuvent être utilisés normalement. Néanmoins, la personne prudente est celle qui s'abstient dans les deux cas.

Et Allah sait mieux.

Chapitre 5 : Le comportement relatif à l'amitié et à la fraternité

Sache que la bonne entente et l'union sont les fruits du bon comportement alors que la désunion provient du mauvais comportement. En effet, le bon comportement conduit à l'amour mutuel et à l'entente alors que le mauvais comportement ne sème que les graines de la haine et de l'éloignement mutuels. Les mérites du bon comportement sont évidents et il existe de nombreux textes à leur sujet.

D'après Abu Al-Darda (qu'Allah l'agréé), le Prophète (paix sur lui) a dit : « **Rien ne pèse plus lourd dans la balance du croyant, le Jour de la Résurrection, que le bon comportement.** »[1]

Un autre hadith stipule : « **Ceux d'entre vous que j'aime le plus et qui seront assis le plus près de moi le Jour de la Résurrection sont ceux avec le meilleur comportement. Ceux d'entre vous que je déteste le plus et qui seront assis le plus loin de moi le Jour de la Résurrection sont ceux avec le pire comportement.** »[2]

Lorsque le Prophète (paix sur lui) fut interrogé au sujet de ce qui permet le plus aux gens d'entre au Paradis, il répondit :

---

1   Rapporté par Abu Dawud. Jugé authentique par Al-Albani.
2   Rapporté par Al-Tirmidhi. Jugé authentique par Al-Albani.

« La crainte d'Allah et le bon comportement. »[1]

Au sujet de l'amour en Allah, on trouve dans les deux *Sahihs,* d'après Abu Hurayrah (qu'Allah l'agréé), que le Prophète (paix sur lui) a dit :

« Sept seront sous l'ombre d'Allah le jour où il n'y aura d'autre ombre que la sienne. » Parmi eux se trouvent : « Deux hommes qui se sont aimés en Allah ; ils se sont réunis en cela et se sont séparés en cela. »[2]

Dans un autre hadith, Allah dit : **« Mon amour est dû à ceux qui s'aiment en Mon Nom, Mon amour est dû à ceux qui dépensent avec joie l'un pour l'autre en Mon Nom, Mon amour est dû à ceux qui se visitent en Mon Nom. »[3]**

Un autre hadith stipule : **« L'anse la plus solide de la foi est que tu aimes pour Allah et que tu détestes pour Allah. »[4]**

Il existe de nombreux ahadiths à ce sujet.

Sache que quiconque aime pour Allah déteste aussi pour Allah. En effet, si tu aimes une personne, car elle est obéissante envers Allah, tu la détesteras assurément pour Allah si elle Lui désobéit. Cela, car quiconque aime un autre pour une raison le détestera aussi lorsque le contraire de cette raison se produira. En revanche, concernant celui qui possède à la fois des qualités louables et détestables, tu dois l'aimer sous un angle et le détester sous un autre.

Tu dois aimer un musulman pour son Islam, le détester

---

1 Rapporté par Al-Tirmidhi. Jugé bon par Al-Albani.
2 Rapporté par Al-Boukhari & Muslim
3 *Sahih Al-Jami'*
4 *Sahih Al-Jami'*

pour sa désobéissance et adopter une attitude modérée envers lui, se situant entre l'éloignement total et la proximité excessive.

Si son péché est un simple faux pas et que tu sais qu'il le regrettera, il est meilleur de fermer les yeux et de le cacher. Cependant, s'il persiste en cela, il faut exprimer son aversion en s'éloignant, en gardant de la distance et en employant des mots durs en fonction de la gravité du péché.

Sache que ceux qui vont à l'encontre du commandement d'Allah sont de différents types.

Le premier type est le mécréant : si c'est un soldat, il mérite d'être puni et mis en captivité. Il n'y a pas d'humiliation plus grande que ces deux. S'il est un citoyen de l'état musulman, le seul mal qui peut lui être fait consiste à l'éviter et le mépriser en le poussant du côté étroit de la route et en ne le saluant pas en premier. S'il salue un musulman par le salam, la réponse est : « 'alaykoum » (et sur toi).

Il est meilleur de s'abstenir de le fréquenter, de traiter et de manger avec lui. Il est détestable d'être totalement détendu et joyeux avec lui, comme on peut l'être avec des amis.

Le second type est l'innovateur : s'il appelle les autres à adopter une innovation qui conduit à l'apostasie, son cas est plus grave que celui du non-musulman. En effet, contrairement à ce dernier, on ne peut pas lui imposer de s'acquitter de la jizya et il n'est pas excusé par un contrat.

Si l'innovation n'est pas de sorte à rendre apostat, son cas est sans aucun doute moins grave que celui du mécréant, mais cela dépend de sa relation entre lui et Allah. Quant au rejet auquel il doit faire face, celui-ci est plus strict que celui auquel fait face le mécréant, car le mal de ce dernier ne l'affecte que lui seul puisque personne ne tient compte de ce qu'il dit. Cela n'est pas le cas de l'innovateur qui invite les autres à le suivre, prétendant que son avis est correct, et qui devient par cela une cause potentielle d'égarement des autres. En raison du fait que le mal de son innovation affecte les autres, l'aversion, la rupture des liens, l'inimitié, le mépris, la condamnation et l'avertissement qui lui seront infligés seront plus intenses.

Le problème est plus léger en ce qui concerne l'innovateur novice qui ne dispose pas des compétences nécessaires pour inviter les autres à adopter ses positions. Nul ne craint qu'il réunisse des adeptes. Il est meilleur de conseiller avec douceur une personne comme lui, car les cœurs des profanes sont prompts à changer.

Si le conseil n'est pas suffisant et que l'on pense que l'éviter le conduira à se rendre compte de la nature hideuse de son innovation, il ne fait aucun doute alors qu'il est recommandé de s'éloigner de lui.

Si l'on sait que cela n'aura aucun effet à cause de l'entêtement de cette personne et de sa conviction profonde, il reste meilleur de s'en détourner. En effet, si la vilenie de l'innovation n'est pas mise en lumière, elle se répandra parmi les gens et causera leur perte.

Le troisième type est le pécheur qui ne croit pas au fait que son péché soit permis. Si le péché est de nature à affecter les autres comme l'injustice, la dépossession par la force, le faux témoignage, la médisance et la calomnie, il est meilleur de se détourner de lui en évitant de le fréquenter et faire affaire avec lui.

La même chose s'applique à la personne qui incite les autres à adopter des comportements corrompus en réunissant, par exemple, des hommes et des femmes ou en facilitant la consommation d'alcool au dépravé. De telles personnes doivent être humiliées et tout lien avec eux doit être rompu.

La situation n'est pas aussi grave lorsqu'il s'agit de celui qui pèche par lui-même en consommant de l'alcool, en forniquant, en volant ou en négligeant une obligation. Cependant, s'il est pris en flagrant délit, il doit être stoppé par les moyens nécessaires. Si le conseil le pousse à cesser et l'aide au mieux, il doit être conseillé. En revanche, si cela n'est d'aucune utilité, on doit faire preuve de sévérité.

1- Ce qu'il faut considérer lorsque l'on choisit ses amis

Il a été rapporté que le Prophète (paix sur lui) a dit : **« L'homme est sur la religion de son proche ami, que chacun d'entre vous regarde donc bien qui il prend pour ami. »**[1]

Sache que toute personne n'est pas convenable à prendre en amie. Celui avec qui l'on choisit de passer du temps doit détenir certaines qualités qui suscitent l'envie d'être en sa compagnie. Ces qualités dépendent des bienfaits dont on souhaite jouir lorsque l'on se trouve en compagnie de l'autre. Ceux-ci peuvent être mondains comme la richesse, le statut ou simplement la bonne entente que l'on tire de la rencontre et de la discussion. Ce n'est pas de cela dont nous voulons discuter ici.

Ces bienfaits peuvent également être religieux. Il y a de nombreuses manières pour une personne de tirer profit de la religion de son ami. Elle peut profiter de son savoir et de ses actes. Son statut peut la protéger du mal de ceux qui ruinent les cœurs des gens et les distraient de l'adoration. Elle peut profiter de ses biens si cela l'épargne de perdre du temps à

---

1   Rapporté par Abu Dawud et Al-Tirmidhi qui le qualifie de bon.

chercher de quoi se nourrir. Elle peut aussi rechercher son aide dans la prise en charge de tâches importantes, ce qui fait de lui un soutien en période de troubles et une force dans différentes situations. Elle peut aussi profiter de lui en espérant son intercession dans l'au-delà, car l'un des pieux prédécesseurs a dit : « Ayez beaucoup de frères, car chaque croyant a l'autorisation d'intercéder. ».

Des conditions doivent être remplies pour chacun de ces bienfaits. En général, ton meilleur ami doit posséder cinq qualités.

Il doit être doté d'intelligence et d'un bon comportement. Il ne doit pas être un pervers invétéré, un innovateur ni être avide de ce bas monde.

L'intelligence est le capital de chacun. Il n'y a aucun bien dans la compagnie du sot, car il souhaite t'aider, mais ne finit que par causer du tort.
Ce que nous voulons dire est que l'intelligent est celui qui comprend la réalité des choses soit par lui-même, soit après que quelqu'un lui ait expliqué.

Concernant le bon comportement, il s'agit d'une qualité indispensable. En effet, nombreuses sont les personnes intelligentes qui sont facilement dominées par la colère et les désirs. Il n'y a aucun bien dans la compagnie d'une telle personne.

Pour ce qui est du pécheur invétéré, il ne craint pas Allah. Or, on n'est pas à l'abri du mal de celui qui ne craint pas Allah et on ne peut lui faire confiance.

Quant à l'innovateur, on craint que sa compagnie ne mène à accepter son innovation.

'Umar Ibn Al-Khattab (qu'Allah l'agréé) a dit :

« Accompagne les frères véridiques et vis sous leur aile, car ils sont une parure dans l'aisance et un atout dans l'épreuve. Ais la meilleure opinion au sujet de ton frère à moins qu'il vienne à toi avec ce qui te met en colère. Reste loin de ton ennemi. Sois prudent avec ton ami sauf s'il fait partie des dignes de confiance et nul n'est digne de confiance en dehors de ceux qui craignent Allah. Ne fréquente pas le pécheur et n'apprends pas son péché. Ne lui confie pas tes secrets. Consulte ceux qui craignent Allah à propos de ce qui te concerne. »

Yahya Ibn Mu'adh a dit : « Quel terrible ami est celui à qui tu as besoin de dire : « Souviens-toi de moi dans tes invocations ! », celui que tu dois flatter par crainte ou celui auprès duquel tu dois présenter des excuses. »

Un groupe de gens visitèrent un jour Al-Hassan et le trouvèrent endormi. L'un d'entre eux se mit à manger des fruits qui se trouvaient dans la maison. Lorsqu'il vit cela, il dit : « Qu'Allah te fasse miséricorde ! C'est, par Allah, comme cela que les frères agissent ! »

Abu Ja'far dit une fois à ses compagnons : « Est-ce que l'un d'entre vous introduit sa main dans la poche de son frère et prend ce qu'il souhaite ? »
Ils répondirent : « Non. »
Il dit alors : « Alors vous n'êtes pas frères comme vous le prétendez. »

On rapporte que Fath Al-Mawsili rendit un jour visite à un de ses amis nommé 'Issa Al-Tammar, mais celui-ci n'était pas chez lui. Il demanda alors à la servante : « Apporte-moi la bourse de mon frère. » Elle l'amena et il prit deux dirhams. Lorsque 'Issa rentra chez lui, elle l'informa de ce qui s'était passé. 'Issa dit : « Si tu dis vrai, tu es libre ! ». Il examina ensuite sa bourse et constata qu'elle avait dit vrai. Alors il l'affranchit.

2- Les droits du frère et de l'ami

Le premier devoir est de remplir les droits des frères. Cela se compose de différents degrés, le plus bas étant de leur venir en aide lorsqu'ils le demandent et qu'on est capable de les aider. Cela doit être fait de bon cœur et avec gaieté.

Le degré médian consiste à les aider avant qu'ils ne le demandent.

Le degré le plus haut consiste à faire passer leurs besoins avant les siens. En effet, l'un des pieux prédécesseurs prit soin de la famille de son ami durant quarante ans après sa mort.

Le second devoir implique de les soutenir par la langue. Cela s'établit parfois par le silence et parfois par les paroles. Quant au silence, on ne doit parler de leurs fautes ni en leur présence ni en leur absence et on doit s'abstenir de les critiquer et de polémiquer avec eux. On ne doit pas interroger ses amis au sujet de choses qu'ils ne souhaitent pas révéler. Lorsqu'on les rencontre, on ne doit pas dire : « Où vas-tu ? », car il se peut qu'ils ne souhaitent pas en parler. On doit garder leurs secrets, même si les liens ont été rompus et on ne doit jamais injurier leurs proches et leur famille. Si quelqu'un dit de mauvaises choses à leur sujet, on ne doit pas les leur rapporter.

Le troisième devoir consiste à garder le silence au sujet de tout ce qu'ils détestent, à moins que s'exprimer ne soit obligatoire afin d'appeler au bien et de condamner le mal et qu'il n'y ait aucune excuse au fait de rester silencieux. Confronter son ami à une situation comme celle-là fait en réalité partie de la bienveillance envers lui.

Sache que si tu cherches un ami qui n'a aucun défaut, tu n'en trouveras jamais. L'objectif est de tomber sur celui dont les qualités sont plus nombreuses que les défauts.

Ibn Al-Mubarak a dit : « Le croyant cherche des excuses alors que l'hypocrite cherche des erreurs. »

Al-Fudayl a dit : « La générosité c'est de fermer les yeux sur les faux pas de ses frères. »

Tu ne dois pas avoir une mauvaise opinion au sujet de ton ami, mais tu dois toujours trouver de bonnes excuses à ses actes, autant que tu le peux. En effet, le Prophète (paix sur lui) a dit :

« Méfiez-vous de la suspicion, car de toutes les paroles, les suspicions sont les plus fausses. »[1]

Sache que les mauvaises suspicions conduisent à l'espionnage illicite et que cacher les erreurs des autres et fermer les yeux sur elles sont des qualités naturelles chez les religieux.

Sache que la foi d'une personne n'est pas complète tant qu'elle n'aime pas pour son frère ce qu'elle aime pour elle-même. Le degré le plus bas de la fraternité implique de traiter ton frère comme tu aimerais que les autres te traitent. Il ne fait aucun doute que tu attends de ton frère qu'il cache tes fautes et qu'il garde le silence au sujet de tes mauvais côtés. S'il agissait de manière contraire à cela, tu serais très en colère. Comment donc attends-tu de lui qu'il fasse cela alors que tu n'es pas déterminé à le faire pour lui ?!

Si tu cherches l'équité de la part des autres, mais que tu ne la respectes pas toi-même, tu fais partie de ceux inclus dans ce verset :

---

1   Rapporté par Al-Boukhari & Muslim

« Ceux qui exigent la pleine mesure pour eux-mêmes, mais qui, lorsqu'ils pèsent ou mesurent pour les autres, causent de la perte. »[1]

Ce sont la rancœur et la jalousie qui amènent à négliger le devoir de cacher les défauts des autres et qui conduisent à être tenté de les exposer.

Sache que l'une des raisons majeures derrière la rancœur et la jalousie entre les frères est la dispute qui se produit seulement lorsque les gens tentent d'apparaitre comme étant plus vertueux et plus intelligents que les autres méprisent ceux qu'ils critiquent.

Quiconque se querelle avec son frère le traite en réalité d'ignorant, de sot, d'insouciant ou d'incapable de saisir la réalité d'une chose. Toutes ces qualifications constituent des formes de rabaissement et donc produisent de mauvais sentiments et de l'inimitié entre les gens, ce qui est l'opposé de la fraternité.

Le quatrième devoir est d'utiliser la langue pour parler avec franchise. Tout comme la fraternité implique de ne pas mentionner ce que ton compagnon déteste, elle requiert également de s'exprimer au sujet de ce qui est bénéfique et bon. Cela est encore plus vrai dans le cas de l'amitié, car celui qui ne se satisfait que d'avoir un ami qui s'abstient de mentionner ce qu'il déteste, qu'il fréquente les habitants des tombes [qui ne le blesseront pas par les mots puisqu'ils ne peuvent pas parler].

La raison pour laquelle les gens choisissent d'avoir des amis et des compagnons est qu'ils cherchent à tirer profit d'une telle relation, car contrôler la langue signifie protéger

---

1   Sourate 83 : Les Fraudeurs, versets 2-3

tes compagnons du mal de celle-ci. Donc, on doit utiliser sa langue pour exprimer son affection envers son frère, s'enquérir de son état, lui montrer que l'on partage son inquiétude lorsqu'il est inquiet et sa joie lorsqu'il est heureux.

Il est rapporté dans un hadith authentique que le Prophète (paix sur lui) a dit :

« Celui qui aime son frère doit le lui dire. »[1]

Cela inclut de l'appeler par les noms qu'il aime le plus. 'Umar Ibn Al-Khattab (qu'Allah l'agrée) a dit : « Trois choses rendent pur l'amour de ton frère pour toi : que tu le salues quand tu le vois, que tu lui fasses de la place dans les assemblées, et que tu l'appelles par ses noms qui lui sont le plus chers. »

Cela implique également de faire son éloge pour les bonnes qualités que l'on connaît de lui lorsque cela influence les gens présents. On doit également faire l'éloge de ses enfants, de sa famille et de ses actes. En réalité, ce principe s'applique même à son comportement, son intellect, son apparence, son écriture, sa rédaction, et tout ce qui cause de la joie tant qu'on ne tombe ni dans l'exagération ni dans le mensonge.

Tu dois également l'informer lorsqu'un autre a fait son éloge et lui montrer ta joie vis-à-vis de cela. Cacher une chose pareille n'est que pure jalousie.

Cela implique aussi de le remercier pour ce qu'il a fait pour toi et de le défendre en son absence si quelqu'un prononce de mauvais propos à son sujet. Les devoirs de la fraternité incluent la promptitude à se protéger et s'aider mutuellement.

---

1   Rapporté par Abu Dawud. Jugé authentique par Al-Albani.

Il est mentionné dans un hadith : « **Le musulman est le frère d'un autre musulman ; il ne lui cause pas de tort et ne l'abandonne pas.** »[1]

Celui qui néglige de défendre l'honneur de son frère l'aura abandonné. Pour évaluer la situation, considère-la sous deux angles :

Premièrement, considère que ce qui a été dit à son sujet ait été dit à ton sujet en sa présence, puis dis ce que tu aurais aimé qu'il dise.

Deuxièmement, considère qu'il est en train d'écouter derrière le mur. Tout ce que ton cœur t'aurait poussé à dire pour le défendre en sa présence, il doit également te pousser à dire la même chose en son absence.

Celui qui n'est pas sincère en fraternité est un hypocrite. Cela s'illustre par le fait de pardonner son erreur. Si celle-ci est en rapport avec la religion, alors ne l'abandonne pas et continue de le conseiller et de l'exhorter avec douceur. S'il insiste dans ses fautes, alors sois plus sévère.

Le cinquième devoir est d'invoquer pour ton frère durant sa vie et après sa mort. Tu dois invoquer pour lui comme tu invoques pour toi-même.

Abu Al-Darda (qu'Allah l'agrée) rapporte que le Prophète (paix sur lui) a dit :

« **L'invocation du musulman pour son frère en son absence est facilement exaucée. Un ange désigné se tient à côté de lui. Chaque fois qu'il invoque pour son frère, l'ange désigné dit :** « Amine, et puisses-tu être béni par la

---

1   Rapporté par Al-Boukhari & Muslim.

même chose » »[1]

Abu Al-Darda (qu'Allah l'agrée) invoquait pour beaucoup de ses amis, mentionnant chacun d'eux par son nom dans son invocation.

Ahmad Ibn Hanbal (qu'Allah lui fasse miséricorde) invoquait pour six personnes durant la dernière partie de la nuit.

Quant au fait d'invoquer pour des amis après leur mort, 'Amr Ibn Huraith a dit : « Celui qui invoque pour son frère décédé, un ange transportera son invocation jusqu'à sa tombe et dira : « Ô étranger vivant dans la tombe ! Ceci est un cadeau d'un ami soucieux de toi. » »[2]

Le sixième devoir consiste à se montrer loyal et sincère. Être loyal signifie préserver le lien affectif avec l'ami jusqu'à sa mort, et après sa mort, préserver ce lien avec les enfants et les amis de l'ami défunt. Le Prophète (paix sur lui) **faisait honneur à une femme âgée et disait : « Elle avait l'habitude de nous visiter du temps de Khadija, et la loyauté fait partie de la foi. »**[3]

Fait partie de la loyauté que de faire preuve d'humilité envers les frères même après avoir obtenu de meilleures positions, un statut plus élevé ou une fortune plus grande.

Sache que t'entendre avec ton frère au sujet d'une chose qui contrevient à la religion ne fait pas partie de la loyauté. Al-Shafi'i (qu'Allah lui fasse miséricorde) avait un ami proche nommé Muhammad Ibn 'Abd Al-Hakam. Il avait l'habitude de le rapprocher de lui et de l'embrasser. Lorsque Al-Shafi'i fut sur son lit de mort, il fut interrogé au sujet de celui qu'il

---

1   Rapporté par Muslim
2   Cela n'est ni rapporté dans le Coran, ni dans la Sounnah.
3   *Al-Sahihah*

allait désigner pour prendre sa place dans l'enseignement aux gens. À ce moment-là, Muhammad Ibn 'Abd Al-Hakam, qui était près de son visage, commença à se rendre visible afin qu'Al-Shafi'i le choisisse. Cependant, Al-Shafi'i désigna Abu Ya'qub Al-Buwayti ce qui rendit Muhammad déçu.

La raison pour laquelle il ne fut pas choisi est qu'Al-Buwayti était plus pieux et ascète même si Muhammad détenait beaucoup de savoir.

La sincérité d'Al-Shafi'i et sa loyauté envers les musulmans le fit choisir la meilleure personne pour ce poste et empêcha son amitié d'avoir une quelconque influence sur sa décision. Cela fit qu'Ibn 'Abd Al-Hakam changea son madhhab et suivit le madhhab de l'imam Malik.[1]

Fais partie de la loyauté de ne pas prêter son oreille aux accusations des gens contre son ami et de ne pas se lier d'amitié avec l'ennemi de son ami.

Le septième devoir implique de ne pas surcharger son frère et de lui rendre les choses faciles. Cela signifie de ne pas tirer avantage du statut et de la fortune de son frère. Plutôt, il convient de le soulager de l'anxiété liée à ses devoirs et responsabilités. L'homme ne doit pas contraindre son frère à s'enquérir de son état, à s'acquitter de ses droits ou à ce qu'il se montre humble envers lui. Les seules motivations de son amour et de sa relation avec lui doivent plutôt être la satisfaction d'Allah seul, l'espoir de bénéficier des bénédictions de ses invocations, jouir de sa compagnie, tirer profit de sa religiosité, se rapprocher d'Allah en s'acquittant de ses droits envers lui et retirer tout obstacle afin d'agir avec ses frères comme s'ils étaient lui-même.

Ja'far Ibn Muhammad a dit : « Ceux qui pèsent le plus sur mon cœur parmi mes amis sont ceux qui se surchargent

---

1   Al-Qadi Iyyad réfuta cela dans *Tartib Al-Madarik*

pour moi et en présence desquels je suis gêné de dire ou faire quoique ce soit que je désire. Les plus légers pour mon cœur sont ceux en présence desquels je me sens aussi libre que lorsque je suis seul. »

Un sage a dit : « Celui envers qui tu ne ressens pas le besoin d'être formel est celui avec lequel ta relation durera. ».

Le plus haut degré concernant ce sujet consiste à considérer tes frères comme te faisant faveur et non l'inverse, au point que tu agisses envers eux comme si tu étais leur serviteur.

3- Le comportement en société

Dans cette section, je vais mentionner un certain nombre de comportements relatifs à la façon dont une personne doit interagir avec les gens.

Fais partie des bonnes qualités sociales que d'être intègre sans être orgueilleux, de faire preuve de modestie sans être rabaissé, et de présenter un visage avenant à la fois aux amis et aux adversaires, sans être humilié ou avoir peur d'eux.

Il convient d'éviter de croiser tes doigts, de mettre ton doigt dans le nez, de postillonner et de bâiller quand tu te trouves dans une assemblée.

Écoute celui qui s'adresse à toi et abstiens-toi de demander, à celui qui s'exprime, de répéter ses propos. Prends garde de partager avec les autres ton admiration pour ton enfant ou pour ta servante. N'adopte pas les manières d'une femme en t'embellissant et ne te dégrade pas à la manière de l'esclave.

Fais-toi craindre par ta famille sans avoir recours à la violence et soit indulgent envers eux sans être faible.

Ne plaisante pas avec ton servant ou ta servante afin de ne pas perdre leur respect et évite de constamment te retourner pour regarder derrière toi.

Ne t'assieds pas avec le gouverneur. Si tu le fais, sois prudent vis-à-vis des péchés et du fait de médire des autres.

Tu dois garder le secret du dirigeant et prends garde au fait de plaisanter, de roter et de te curer les dents en sa présence. S'il te rapproche de lui, prends garde à lui. S'il te fait confiance et se montre ouvert, alors ne te sens pas à l'abri qu'il puisse se retourner contre toi. Sois aussi doux avec lui qu'avec un petit garçon, tiens des propos qui lui plaisent et n'interviens pas dans les problèmes entre lui et sa famille ou son entourage.

Méfie-toi de l'ami qui n'est présent que dans les bons moments.

Ne laisse pas tes biens avoir plus de valeur que ton honneur.

Quand tu assistes à une assemblée, assure-toi de t'assoir à la place la plus proche de l'humilité.

Ne t'assieds pas au bord du chemin. Si tu le fais, baisse ton regard, aide l'opprimé et guide celui qui s'est perdu.

Ne crache pas en direction de la Qiblah, ni à ta droite. Crache plutôt à ta gauche ou sous ton pied gauche.

Prends garde au fait de te retrouver en compagnie des gens du commun. Si cela t'arrive, ferme les yeux sur leurs mauvaises manières et évite de participer à leurs discussions.

Méfie-toi de la plaisanterie excessive, car l'intelligent ne t'appréciera pas en raison de cela et le sot sera encouragé à te manquer de respect.

4- Les droits des musulmans, des proches, des voisins et des rois

Parmi les droits du musulman se trouve le fait de le saluer lorsque tu le rencontres, répondre à son invitation et, quand il éternue et dit « Al-Hamdoulillah », dire « Yarhamuk Allah ».

Tu dois assister à ses funérailles, respecter son serment, le conseiller lorsqu'il demande ton conseil, préserver son honneur en son absence, aimer pour lui ce qui tu aimes pour toi et détester pour lui ce que tu détestes pour toi-même. Tous ces droits sont cités dans de nombreux ahadiths.

D'autres droits incluent le fait de s'abstenir de causer du tort aux musulmans par tes mots ou tes actes, de faire preuve de modestie envers eux et d'éviter de se montrer arrogant, de ne pas écouter les ragots des gens les uns contre les autres et de ne pas partager avec d'autres l'information que tu entends des uns.

Quant aux autres droits, ils incluent le fait de ne pas rompre plus de trois jours avec un musulman que tu connais en raison du hadith bien connu à ce sujet.

On rapporte également d'après Abu Hurayrah (qu'Allah l'agrée) que le Prophète (paix sur lui) a dit : « **Il n'est pas permis à un croyant de rompre avec son frère plus de trois jours. Si trois jours ont passé, il doit le saluer en le rencontrant et si l'autre y répond, ils partageront la récompense. S'il ne répond pas, il portera son péché et celui qui aura salué sera absout du péché de la rupture.** »[1]

---

1   *Da'if Abu Dawud.*

Sache que le délaissement d'une personne (mentionné plus haut) concerne les affaires de ce bas monde. Quant à ce qui concerne la religion, le délaissement des gens de l'innovation, des passions et de la désobéissance doit être permanent s'ils ne se repentent pas et ne retournent pas sur le chemin droit.

Le musulman doit aider les autres musulmans et agir en bien envers eux autant qu'il en est capable.

Il ne doit pas entrer dans la maison d'un musulman sauf après avoir obtenu la permission d'entrer de la part du propriétaire. On ne doit demander la permission que trois fois. Si après cela, la permission ne nous est pas donnée, il convient de s'en aller.

Parmi les autres droits des musulmans se trouve le fait que le musulman doit se comporter convenablement avec les gens. Pour cela, il doit agir envers chaque personne d'une manière qui profite à celle-ci. En effet, discuter de la science profonde avec un ignorant, de la jurisprudence avec le paresseux ou faire preuve d'éloquence avec le sot, causent du tort à la fois aux autres et à soi.

S'ajoutent à ces droits le respect des plus âgés et la miséricorde envers les plus jeunes. Le musulman doit présenter un visage souriant à tout le monde et doit se montrer doux envers les gens. Il doit tenir ses promesses, être équitable envers les autres et les traiter comme il voudrait être traité.

Al-Hassan a dit : « Allah a révélé quatre choses à Adam (paix sur lui) et a dit : « Ceci forme la base de tout ce qui concerne toi et tes enfants. L'une est pour Moi, une autre est pour toi, une autre est entre Moi et toi, et la dernière est entre toi et les gens. Celle qui est pour Moi consiste à ce que tu n'adores que Moi et que tu ne m'associes rien lorsque tu

M'adores. Ce qui est pour toi est que Je te récompenserais pour tes actes lorsque tu seras le plus dans le besoin d'être récompensé. La chose entre Moi et toi est que tu m'invoques et que J'exauce tes invocations. Quant à ce qui est entre toi et les gens, cela consiste à ce que tu les traire comme tu aimerais qu'ils te traitent. »

Aussi, il convient d'avoir encore plus de respect pour les personnes de haut rang, de résoudre les conflits entre les gens et de les conduire vers la réconciliation ainsi que de cacher les fautes des musulmans.

Sache que celui qui médite sur la façon dont Allah couvre les pécheurs dans ce bas monde doit se conformer à Sa Compassion. En effet, il a exigé que le témoignage de l'adultère devait être porté par quatre témoins équitables qui attestent avoir assisté à l'acte sexuel et avoir vu les parties intimes de l'homme et de la femme telle l'aiguille entrant dans la boîte de khôl. Le respect d'une telle condition est très peu probable. Si cela est l'expression de Sa magnanimité ici-bas, alors la même chose peut être attendue de Lui dans l'au-delà.

Il convient également pour une personne d'éviter de se mettre dans des situations suspicieuses afin de protéger les cœurs des pécheurs du fait de penser du mal d'elle, et préserver leurs langues de médire à son sujet.

Le musulman doit intercéder auprès d'une personne de haut rang en faveur du musulman qui a besoin d'une intercession. Il doit s'efforcer de répondre aux besoins de ses frères.

On commence également par le salut avant de s'adresser aux autres musulmans et fait partie de la Sounnah que de serrer la main. On rapporte d'après Anas (qu'Allah l'agrée) que le Prophète (paix sur lui) a dit : « **Si deux musulmans** se rencontrent et se serrent la main, Allah exigera de Lui-même d'écouter attentivement leurs invocations et Allah leur aura déjà pardonné au moment où leurs mains se sépareront. »[1]

Un autre hadith stipule : « **Lorsqu'un croyant salue un autre croyant, cent miséricordes descendent sur eux, quatre-vingt-dix-neuf d'entre elles seront pour celui qui aura le plus souri et qui est le meilleur des deux en matière de comportement.** »[2]

Il est permis de baiser la main de celui qui est respecté en Islam, et il n'y a pas de mal à se prendre dans les bras. Quant au fait de tenir les rênes du chameau par respect pour celui qui le monte, cela fut accompli par Ibn 'Abbas (qu'Allah l'agrée) par égard envers Zayd Ibn Thabit (qu'Allah l'agrée).

Se lever pour exprimer son respect et pour honorer les personnes honorables est bon.[3] En revanche, il est interdit de s'incliner.

Le musulman doit protéger l'honneur, la vie et les biens des musulmans contre l'injustice d'autrui. Il doit les défendre et les soutenir.

Celui qui est éprouvé par le fait de connaître une mauvaise personne doit se montrer courtois envers lui et l'éviter comme l'indique le hadith de 'Aisha bin Abu Bakr (qu'Allah les agréés).[4]

---

1   *Sahih Al-Tirmidhi*

2   *Da'if Abu Dawud*

3   Cependant, Ibn 'Abbas rapporte au sujet des Compagnons : « Personne n'était plus aimé par eux que le Prophète (paix sur lui), mais lorsqu'ils le voyaient, ils ne se levaient pas car ils savaient qu'il n'aimait pas cela. ». *Sahih Al-Adab Al-Mufrad.*

4   Hadith rapporté par Al-Boukhari & Muslim **: « L'une des pires personnes aux yeux d'Allah le Jour du Jugement sera celle que les gens évitaient à cause de sa méchanceté. ».**

Muhammad Ibn Al-Hanafiyyah a dit : « Celui qui se comporte mal avec une personne qu'il ne peut éviter jusqu'à ce qu'Allah lui donne une issue n'aura pas fait preuve de sagesse. »

Il convient de se mêler au pauvre, d'éviter de se mélanger au riche, d'être doux envers les orphelins et de visiter les malades.

Fais partie du bon comportement envers le malade que de poser sa main sur lui et de s'enquérir de son état. Il faut s'abstenir de rester trop longtemps, faire preuve de douceur, invoquer pour le bien-être du malade, baisser le regard et ne pas regarder avec insistance les imperfections de l'endroit dans lequel il se trouve.

Il est recommandé au malade d'accomplir ce qui a été rapporté par Muslim dans le hadith de 'Uthman Ibn Abu Al-'As (qu'Allah l'agrée) qui s'était plaint, auprès du Prophète (paix sur lui), d'une douleur qu'il ressentait dans son corps, et ce depuis qu'il avait embrassé l'Islam. Le Prophète (paix sur lui) dit :

« Place ta main à l'endroit où tu ressens la douleur et dis :

« Au Nom d'Allah » trois fois puis répète sept fois :

« Je cherche refuge auprès d'Allah et de Son Pouvoir contre le mal qui m'afflige et que je redoute. »[1]

Le comportement que le malade doit adopter est le suivant :

- faire preuve d'une bonne patience

---

1   Rapporté par Muslim

- s'abstenir de se plaindre ou de montrer du mécontente-ment
- invoquer
- s'en remettre à Allah

Le musulman doit marcher dans le cortège funèbre du défunt et visiter les tombes. Accompagner les funérailles des musulmans permet de remplir leurs droits et de méditer sur la mort.

Al-A'mash a dit : « Nous assistions aux funérailles et nous étions incapables de reconnaître la famille du défunt, car tout le monde semblait rempli de chagrin. »

L'objectif de la visite des tombes est d'invoquer, de médi-ter et d'adoucir le cœur.

Voici quelques bienséances relatives au suivi des funé-railles :

- marcher derrière le cortège funèbre
- se recueillir
- s'abstenir de parler
- observer le défunt
- penser à la mort et s'y préparer.

Concernant les droits du voisin, il convient de savoir que celui-ci dispose d'un droit supérieur à celui de la fraternité en Islam. Le voisin mérite donc plus que ce que mérite un mu-sulman dans une situation normale.

On rapporte que le Prophète (paix sur lui) a dit :
« Il existe trois types de voisins : un voisin qui possède un droit, un voisin qui possède deux droits et un voisin qui possède trois droits. Le voisin qui possède trois droits est le voisin musulman qui est un parent. Il détient le droit

du voisinage, le droit de l'Islam et de droit de parenté. Le voisin qui détient deux droits est le voisin musulman. Il possède le droit de l'Islam et le droit du voisinage. Le voisin qui possède un droit est le voisin polythéiste. »[1]

Sache que le droit du voisinage consiste non seulement à s'abstenir de lui causer du tort, mais aussi à supporter son mal, à se montrer doux envers lui, à l'inviter au bien, à le saluer en premier, à éviter de discuter trop longuement avec lui, à le visiter quand il est malade, à le consoler lorsqu'il est éprouvé, à la féliciter lorsqu'il est heureux, à fermer les yeux sur ses faux pas, à ne pas regarder chez lui, à ne pas le déranger en empilant du bois sur un mur partagé, à ne pas verser de l'eau dans sa gouttière et à ne pas jeter de la poussière dans sa cour.

Le musulman ne doit pas regarder ce que son voisin rapporte chez lui. Il doit cacher ses erreurs, ne pas espionner ses conversations, baisser son regard en présence de l'épouse du voisin, et répondre aux besoins de sa famille lorsqu'il est absent.

5- Les droits des proches et de la famille

Concernant les droits des proches et de la famille, un récit authentique, d'après 'Aisha (qu'Allah l'agréé), rapporte que le Prophète (paix sur lui) a dit : « **Les liens de parenté sont suspendus au Trône et disent : « Celui qui maintient de bons rapports avec moi, Allah maintiendra un lien avec lui, mais quiconque rompt les liens avec moi, Allah rompra le lien avec lui. »**[2]

Un autre hadith rapporté par Al-Boukhari stipule :

---

1   *Da'if Al-Jami'*
2   Rapporté par Al-Boukhari & Muslim

« Celui qui maintient parfaitement les liens de parenté n'est pas celui qui le fait, car il est récompensé par ses proches, mais celui qui maintient les liens de parenté est celui qui persiste à le faire même lorsque ses proches ont rompu les liens avec lui. »[1]

Un hadith rapporté par Muslim stipule qu'un homme a dit :

« J'avais des proches avec lesquels j'essayais de maintenir les liens de parenté, mais ils rompirent avec moi. Je les traitais avec gentillesse et ils me traitaient avec méchanceté. J'étais doux avec eux alors qu'ils se montraient durs envers moi. »

Le Prophète (paix sur lui) répondit : « Si tu es tel que tu dis, c'est comme si tu les nourrissais de cendres brûlantes, et tu seras doté d'un soutien contre eux provenant d'Allah aussi longtemps que tu continueras d'agir de la sorte. »[2]

Cela signifie : tu seras soutenu contre eux. Ils seront incapables de se défendre en disant que cette personne ne s'était pas acquittée des droits de parenté et celui sur lequel les cendres brûlantes seront jetées ne sera pas capable de s'exprimer.

Il existe de nombreux ahadiths connus traitant du maintien des liens de parenté, des droits des parents, et soulignant le droit de la mère.

Quant aux droits de l'enfant, il est intéressant d'indiquer qu'étant donné que la personne penche naturellement vers

---

1   Rapporté par Al-Boukhari
2   Rapporté par Muslim

lui, il n'y avait nul besoin de souligner l'importance de bien le traiter.

Cependant, l'amour des parents pour l'enfant peut être excessif au point qu'il néglige de l'instruire et de l'éduquer. Allah a dit :

« Protégez-vous et vos familles du Feu »[1]

Les savants de l'exégèse ont dit : « Cela signifie : instruisez-les et éduquez-les. »

Le parent doit choisir un bon nom pour son enfant et sacrifier un animal pour célébrer sa naissance. Lorsque l'enfant atteint l'âge de sept ans, le parent doit lui ordonner d'accomplir la prière et doit le circoncire. Lorsque l'enfant devient un adulte, le parent doit le marier.

Les droits des esclaves consistent à ce qu'ils soient nourris, vêtus, qu'on ne leur ordonne pas d'accomplir des choses au-dessus de leurs capacités, qu'ils ne soient pas méprisés, et que l'on pardonne leurs erreurs. On doit leur rappeler Allah quand ils fautent, et leur pardonner en espérant qu'Allah nous pardonne également.

---

1   Sourate 66 : L'Interdiction, verset 6

Chapitre 6 : Le comportement relatif à la solitude

Les savants ont divergé sur ce qui est meilleur entre la solitude et le fait de se mêler aux gens. Cela en dépit du fait que chacune de ces choses possède des avantages et des inconvénients. La plupart des ascètes furent d'avis que la solitude est meilleure.

Parmi ceux qui ont opté pour la solitude se trouvent Sufyan Al-Thawri, Ibrahim Ibn 'Adham, Dawud Al-Ta'i, Al-Fudayl [Ibn 'Iyyad], Bishr Al-Hafi et d'autres.

Parmi ceux qui furent d'avis que se mêler aux gens était recommandé se trouvent Sa'id Ibn Al-Mussayyib, Shurayh, Al-Sha'bi, Ibn Al-Mubarak et d'autres.

Les deux groupes de savants détiennent des preuves qui supportent leur position et je vais indiquer certaines d'entre elles.

La preuve sur laquelle s'appuie le premier groupe de savants est ce qui a été rapporté dans les deux *Sahihs* d'après Abu Sa'id (qu'Allah l'agrée) qui rapporte qu'on demanda :

« Quel est le meilleur parmi les hommes ? »

Le Prophète (paix sur lui) répondit :

« Le croyant qui lutte dans le sentier d'Allah avec ses biens et sa vie. »

L'homme demanda ensuite :

« Qui se trouve à ses côtés (en matière de mérite) ? »

Le Prophète (paix sur lui) dit :

« Se trouve à ses côtés l'homme qui s'est plongé dans l'adoration de son Seigneur, dans la vallée d'une montagne, préservant les gens de son mal. »[1]

'Uqbah Ibn 'Amir (qu'Allah l'agréé) rapporte :

« J'ai dit : « Ô Messager d'Allah ! Quelles sont les voies du salut ? »

Il (paix sur lui) répondit :

« Que tu contrôles ta langue, que ta maison te suffise et que tu pleures tes péchés. »[2]

'Umar Ibn Al-Khattab (qu'Allah l'agréé) a dit : « Garde du temps pour t'isoler. »

Sa'd Ibn Abi Waqqas (qu'Allah l'agréé) a dit : « Certes, j'aimerais que se trouve une porte en acier entre moi et les gens afin que personne ne me parle et que je ne parle à personne jusqu'à ce que je rencontre Allah. »

Ibn Mas'ud (qu'Allah l'agréé) a dit : « Soyez des fontaines de science, des sources de guidance, confinés dans vos maisons, vigoureux dans l'adoration d'Allah, vêtus de vieux vêtements, connus des habitants des cieux et inconnus des habitants de la terre. »

---

1   Rapoorté par Al-Boukhari & Muslim
2   *Sahih Al-Tirmidhi*

Abu Al-Darda (qu'Allah l'agrée) a dit : « Quel bon ermitage que la maison ! Elle préserve la langue, les parties intimes et le regard. Prenez garde aux réunions dans les marchés, car elles distraient et conduisent à l'erreur. »

Dawud Al-Ta'i a dit : « Fuyez les gens comme vous fuiriez un lion. »

Abu Al-Muhalhal a dit : « Sufyan Al-Thawri prit ma main et m'emmena dans le désert. Il me conduisit vers un lieu reclus. Puis, il éclata en sanglots et dit :

« Ô Abu Al-Muhalhal ! Si tu parviens à éviter de te mêler à quiconque à cette époque, alors fais-le. Concentre-toi sur ta propre réforme. »

Parmi les preuves de ceux qui furent d'avis que se mêler aux gens est recommandé se trouvent les propos du Prophète (paix sur lui) :

« Le croyant qui se mêle aux gens et supporte leurs torts est meilleur que celui qui ne se mêle pas à eux et n'endure pas leurs torts. »[1]

Ils ont avancé d'autres preuves, mais qui ne peuvent pas être retenues pour défendre leur avis comme la parole d'Allah :

« Et ne soyez pas comme ceux qui se sont divisés et ont divergé »[2]

Utiliser ce verset en tant que preuve n'est pas valide, car la divergence citée ici concerne les opinions et avis relatifs aux

---

1   *Sahih Ibn Majah*
2   Sourate 3 : La Famille de 'Imran, verset 105

principes fondamentaux de la religion.

Ces savants ont également cité en tant que preuve les paroles du Prophète (paix sur lui) :

« Un musulman ne doit pas rompre avec son frère plus de trois jours. »[1]

Ils ont affirmé que la solitude est la rupture complète d'avec les musulmans. Cela n'est pas un argument fort, car ce que signifie le hadith est qu'il est interdit de renoncer à parler aux musulmans, les saluer et les fréquenter de manière normale.

1- Les bienfaits de la solitude, ses pièges et la démonstration de sa supériorité

Sache que la divergence d'opinions des savants à ce sujet est semblable à celle au sujet des mérites du mariage et du célibat. J'ai précédemment expliqué que ces sujets varient en fonction de la situation des gens. C'est exactement ce que je dis concernant ce sujet-ci.

Pour commencer, je vais citer les bienfaits de la solitude. Ils sont au nombre de six.

Premier bienfait : elle permet de se consacrer à l'adoration. De plus, elle mène à trouver un plaisir dans l'invocation d'Allah, car cela requiert d'être libre de toute distraction, alors qu'il n'y a pas de temps libre lorsque l'on fréquente les gens. La solitude est un moyen d'atteindre cet objectif, en particulier au début.

Un sage fut interrogé : « Vers où l'ascétisme et la solitude

---

1   Rapporté par Al-Boukhari & Muslim

ont conduit les dévots ? ». Il répondit : « À la découverte de l'intimité avec Allah ».

Uways Al-Qarni a dit : « Je ne peux imaginer que celui qui obtient tranquillité et intimité dans l'adoration de son Seigneur trouve la même chose ailleurs. »

Sache que celui qui s'est facilité l'obtention du plaisir dans l'adoration d'Allah à travers le rappel constant d'Allah ou qui a connu Allah à travers la méditation permanente, alors qu'il se dédie à cela est meilleur que tout ce qui est en rapport avec la fréquentation des gens.

Deuxième bienfait : la solitude permet de s'isoler des péchés qui sont souvent accomplis suite à la fréquentation des gens. Ces péchés sont au nombre de quatre :

1- La médisance, car il est coutumier pour les gens de remplir leur bouche de propos sur l'honneur des autres et de médire par divertissement. Donc, si tu fréquentes les gens et t'engages avec eux dans leurs paroles, vous serez liés dans le péché et exposés à la colère d'Allah. Si tu décides de rester silencieux alors que les autres s'engagent dans la médisance, tu seras toujours leur complice, car celui qui écoute la médisance est considéré comme étant l'un des médisants. Si tu les réprimandes pour leur médisance, ils te détesteront, médiront de toi en retour et donc augmenteront leur nombre de propos médisants, sans compter le fait qu'ils en arriveront peut-être à t'insulter.

2- Le second concerne le fait d'ordonner le bien aux gens et de leur interdire le mal. En effet, celui qui fréquente les gens ne peut qu'assister au mal. À partir de là, s'il ne s'exprime pas contre cela, il aura commis un péché, et s'il s'y oppose, il sera exposé à différents types de préjudices. Or, la solitude protège de tout cela.

3- L'ostentation : il s'agit d'une maladie grave qu'il est difficile d'éviter. Le premier problème lié à la fréquentation des gens est qu'on doit leur exprimer le désir de les voir, ce qui implique forcément du mensonge d'une manière ou d'une autre. Par exemple, une personne peut ne pas vouloir rencontrer les autres, mais doit prétendre qu'elle en a envie, ou alors elle peut désirer les rencontrer, mais fait preuve d'exagération dans la façon de le montrer. Les pieux prédécesseurs étaient prudents lorsqu'ils répondaient à des questions comme « Comment vas-tu ce matin ? » et « Comment vas-tu ce soir ? ». Lorsque l'un des prédécesseurs fut interrogé par « Comment vas-tu ce matin ? », il répondait : « Je me suis levé ce matin alors que je suis faible et pécheur, consommant ma subsistance et attendant ma fin. ». Sache que celui qui demande à un autre « Comment vas-tu ce matin ? » alors qu'il ne demande pas cela par préoccupation, compassion et amour pour l'autre, sa question sera considérée comme superficielle et ostentatoire. Certaines fois, celui qui posera cette question le fera le cœur rempli de rancœur et de ressentiment, ce qui le poussera à vouloir entendre que l'autre ne va pas bien. La solitude est une solution pour être préservé de tout cela. En effet, celui qui fréquente les gens sans adopter leurs manières sera haï d'eux. Ils le trouveront ennuyeux et le médiront. Il sera alors préoccupé par la vengeance et cela affectera ses affaires mondaines et religieuses.

4- On peut être influencé par les mauvais traits des gens. Il s'agit d'une maladie cachée dont les gens intelligents ne sont pas conscients, sans parler des insouciants. En effet, celui qui fréquente une personne immorale durant un certain temps, même s'il la désapprouve en son for intérieur, se rendra compte qu'au bout d'un moment, son aversion pour le mal aura diminué. Cela, car celui qui est fréquemment exposé au mal finira par ne plus le trouver repoussant. Il ne ressentira plus les effets et la gravité du mal. Celui qui a l'habitude d'assister aux moments où les autres commettent des péchés majeurs finira par banaliser les péchés mineurs que lui commet. De la même manière, celui qui médite sur l'ascétisme et l'adoration des pieux prédécesseurs éprouvera du dédain envers sa propre personne et aura une piètre opinion de ses actes d'adoration. Cela l'encouragera à faire plus d'efforts dans l'adoration d'Allah. Ces éléments vont dans le sens de celui qui a dit : « Quand les vertueux sont mentionnés, les bénédictions descendent. »

Ils existent certaines indications qui démontrent qu'une chose est courante et banale. Par exemple, lorsque les gens voient un musulman ne pas jeûner pendant le Ramadan, ils le considèrent presque comme un mécréant. En revanche, ces mêmes musulmans peuvent constater qu'une personne prie après le temps prescrit sans avoir autant de répulsion pour elle que pour celui qui n'a pas jeûné pendant le temps prescrit, et ce malgré le fait que manquer une prière (sans aucune raison valide) sort son auteur de l'Islam. La seule explication à cela est que la prière s'accomplit fréquemment et que nombreux sont ceux qui la négligent. De même, si un savant porte un vêtement de soie ou une bague en or, les gens le réprimanderont sévèrement. Par contre, s'ils l'entendent médire, ils ne considèreront pas cela comme étant quelque chose d'important, bien que médire soit plus grave que de porter de la soie. En effet les effets de la médisance ont disparu des cœurs à force de fréquenter les médisants et de les entendre médire régulièrement. C'est pourquoi il est important que tu sois conscient de ces problèmes et que tu prennes garde à fréquenter les gens, car ce que tu constateras chez eux correspond à ce qui te conduira probablement à l'avidité de ce bas monde, l'insouciance de l'Au-delà, la négligence des péchés et l'affaiblissement de ton désir de t'engager dans l'adoration. Donc, si tu trouves une assemblée au sein de laquelle Allah est mentionné, ne la quitte pas, car il s'agit du butin du croyant.

Troisième bienfait : la délivrance des tentations et des

conflits ainsi que la protection de la religion en ne s'engageant pas dans ces choses. En effet, les villes sont rarement vides de sectarismes et de conflits, sauf pour celui qui s'isole. Il est alors, de toute évidence, protégé de ces maux.

Ibn 'Umar (qu'Allah l'agréé) rapporte que le Prophète (paix sur lui) a parlé des calamités, les a décrits et a dit : **« Lorsque les gens ne tiendront pas leurs promesses, trahiront la confiance et se disputeront alors qu'ils étaient auparavant comme cela – il entrelaça ses doigts. ». Je dis : « Que devrais-je faire si j'assiste à une telle époque ? ». Le Prophète (paix sur lui) a dit : « Reste chez toi, contrôle ta langue, accepte ce que tu approuves, délaisse ce que tu désapprouves, occupe-toi de tes propres affaires, et ne te mêle pas des affaires des gens du commun. »**[1]

Des ahadiths similaires ont également été rapportés.

Quatrième bienfait : être à l'abri du mal des gens, car ils t'offenseront à de multiples reprises en te médisant, te calomniant, pensant du mal de toi et en te donnant de faux espoirs. Quiconque fréquente les gens rencontrera assurément des jaloux, des ennemis et d'autres types de maux auquel on est exposé par ceux que l'on connait. La solitude permet à la personne d'éviter tout cela. Un poète a dit :

« Tes ennemis sont parmi tes amis, donc n'ai pas beaucoup d'amis. En effet, les maladies proviennent de la nourriture et de la boisson. »

Ibrahim Ibn Adham a dit : « Ne te présente pas auprès de ceux que tu ne connais pas et ignore ceux que tu connais. »

Un homme demanda à son frère : « Puis-je t'accompagner

---

1   Rapporté par Al-Boukhari.

au Hajj ? ». Il répondit : « Soyons satisfaits du fait qu'Allah ait caché nos fautes. En effet, je crains que nous voyions chez l'autre ce qui va nous amener à nous détester mutuellement. »

C'est là un autre bienfait de la solitude, que le rideau d'Allah soit maintenu sur les erreurs d'une personne en matière de religion, de biens ou d'autres domaines.

Cinquième bienfait : que les gens perdent tout intérêt pour toi et que tu perdes tout intérêt pour eux. Puisque les satisfaire est un objectif impossible à atteindre, alors celui qui s'isole des gens leur fera perdre tout intérêt envers lui dans le fait d'assister à leurs banquets, leurs mariages et ainsi de suite.

Il fut dit : « Celui qui évite tous les gens, tous les gens l'aimeront. »

Quant au fait que tu perdes de l'intérêt pour eux : en effet, celui qui contemple les parures de ce bas monde sera avide de les acquérir. Son avidité pour ce monde sera réveillée par sa motivation de l'acquérir. Il sera alors déçu de ne pas être capable d'obtenir la plupart de ce qu'il désire et souffrira de cela.

Un hadith rapporte : « **Regarde celui qui est en dessous de toi et ne regarde pas celui qui est au-dessus. En effet, cela est préférable afin que tu ne minimises pas les bienfaits d'Allah sur toi. »**[1]

Allah L'Exalté a dit :

« **Et ne tends point tes yeux vers ce dont Nous avons donné jouissance temporaire à certains groupes d'entre**

_____

1   Rapporté par Al-Boukhari & Muslim.

eux, comme décor de la vie présente »[1]

Sixième bienfait : le fait d'être écarté de la fréquentation des gens bêtes et pénibles ainsi que de leur comportement. Celui qui est offensé par les gens pénibles commencera à les médire. S'ils le critiquent, il répondra de la même manière, et cela causera de la corruption dans la religion. Dans la solitude se trouve une protection face à tout cela.

2- Les pièges de la solitude

Sache que certains objectifs religieux et mondains s'atteignent grâce à l'aide des autres. Ils ne peuvent être remplis sans fréquenter les gens.

Parmi les bienfaits de la fréquentation des gens se trouvent l'apprentissage, l'enseignement, le fait d'être utile aux autres et de profiter d'autrui, s'éduquer et éduquer les autres, la recherche du plaisir de la compagnie des gens et les satisfaire de notre propre compagnie, l'amitié, l'obtention d'une grande récompense obtenue en s'acquittant des droits des gens, s'habituer à l'humilité, gagner de l'expérience en observant les conditions des autres et en tirer des leçons. Tels sont les enseignements provenant de la fréquentation des gens.

Je vais maintenant les détailler.

Premier bienfait : apprendre et enseigner. J'en ai mentionné les vertus dans le chapitre du savoir. Celui qui a appris le savoir religieux obligatoire, qui sait qu'il ne peut pas devenir un savant et qui souhaite se dévouer à l'adoration d'Allah, doit s'isoler. S'il a le potentiel de devenir un éminent savant de la religion, mais qu'il s'isole avant d'apprendre, il aura souffert d'une grande perte.

---

1   Sourate 20 : Ta-Ha, verset 131

C'est pourquoi Al-Rabi' Ibn Khutaym a dit : « Apprends d'abord, puis isole-toi. Le savoir est la base de la religion, et il n'y a aucun bien chez les ignorants qui s'isolent. »

Un savant fut interrogé : « Que penses-tu de l'ignorant qui s'isole ? »

Il répondit : « Ce n'est que folie et néant. »

On lui demanda : « Et qu'en est-il du savant qui s'isole ? »

Il cita le hadith qui rapporte : « **Cela ne te regarde pas. Il possède sa propre réserve d'eau et ses sabots. Il s'abreuvera d'eau et se nourrira d'herbes. Laisse-le jusqu'à ce que son propriétaire le retrouve.** »[1]

Concernant l'apprentissage, celui-ci renferme une grande récompense pour celui qui apprend avec une intention saine. Cependant, celui qui a pour intention d'acquérir du prestige et de nombreux disciples court à la destruction de sa religion. J'ai mentionné cela dans le chapitre du savoir.

De nos jours, la plupart des étudiants sont dotés d'une mauvaise intention dans l'apprentissage de la science religieuse. Ainsi, la religion impose de s'écarter d'eux. Cependant, celui qui croise le chemin de l'étudiant sincère qui recherche la proximité d'Allah, il ne lui est alors pas permis de s'isoler d'une telle personne ni de lui cacher la science.

Il ne faut pas être induit en erreur par les propos de celui qui a dit : « Nous n'avons pas cherché le savoir pour Allah, mais le savoir ne peut être obtenu qu'en étant sincère

---

1   Rapporté par Al-Boukhari. N.d.T : La réponse provient d'un hadith dans lequel le Prophète (paix sur lui) parle du chameau égaré. Celui-ci dispose des moyens de survivre tout comme le savant possède le savoir qui lui permet de se protéger du mal.

envers Allah. », car ici sont désignées les sciences du Coran, du hadith, et la connaissance des biographies des Prophètes et des Compagnons.

Toutes ces matières incluent les menaces et les avertissements. Cela ravive la crainte d'Allah dans la vie d'une personne et si ce savoir ne cause pas d'impact tout de suite, il en causera plus tard.

En revanche, la théologie scolastique et les sciences des divergences n'amènent pas celui qui désire ce bas monde à se tourner vers Allah. Plutôt, l'étudiant de ces sciences sera désireux de se plonger en elles même s'il atteint un âge avancé.

Deuxième bienfait : être utile aux autres et profiter d'autrui.

Le fait de profiter d'autrui s'accomplit en gagnant sa vie et en commerçant. Celui qui a besoin de cela doit abandonner la solitude. Cependant, il est meilleur pour celui qui est satisfait de ce qu'il possède de s'isoler, sauf s'il souhaite donner en aumône les revenus qu'il gagne en plus. Il sera alors meilleur pour lui de se mêler aux gens que de s'isoler. En revanche, celui qui déduit avec clairvoyance, et non pas à partir de fausses suppositions ni d'illusions, que l'isolement est bénéfique pour lui en ce qui concerne la connaissance d'Allah et le plaisir de l'adorer, doit alors s'engager dans cela au lieu de fréquenter les gens afin d'obtenir des revenus supplémentaires.

Quant au fait d'être utile aux autres, cela consiste à utiliser ses biens et ses capacités physiques pour remplir leurs besoins. Celui qui peut accomplir cette tâche dans les limites de la Législation, cela est meilleur que l'isolement pour lui si sa solitude se limite aux prières surérogatoires et aux adorations physiques. En revanche, celui qui a été guidé vers les adorations du cœur comme le rappel (dhikr) continuel et la méditation ne doit jamais renoncer à de tels actes.

Troisième bienfait : l'éducation et les bonnes manières. Je signifie par là s'entraîner à supporter la fréquentation des gens, s'efforcer d'endurer leurs torts, canaliser l'âme et vaincre les désirs. Cela est meilleur que la solitude pour celui qui n'a pas purifié son comportement.

Il faut comprendre que ce n'est pas l'éducation en elle-même qui est visée. Cela est similaire au fait de dompter une bête. L'objectif du domptage est d'utiliser l'animal comme moyen de transport pour parcourir une distance. De même, le corps est une monture que l'on utilise pour voyager sur la route vers l'au-delà. Or, il est constitué de désirs qui, s'ils ne sont pas domptés, feront perdre le contrôle au voyageur pendant sa traversée. Ainsi, celui qui passe toute sa vie à s'éduquer sera tel le dresseur qui passe sa vie entière à éduquer sa bête sans s'en servir comme monture. Il n'en tirera aucun bénéfice si ce n'est le fait d'être à l'abri qu'elle le morde ou l'attaque. Il s'agit certes d'un bienfait, mais ce n'est pas là l'objectif principal.

Un moine fut interpellé : « Ô moine ! »
Il répondit : « Je ne suis pas un moine, mais un chien féroce. Je me suis isolé afin de ne pas mordre les gens. »

Ce cas est bon comparé au cas de celui qui fait du tort aux gens, mais cela ne doit pas constituer l'ultime objectif.

Quant au fait d'éduquer les autres, cela consiste à leur enseigner les subtilités des péchés. Cet état est comparable à celui du transmetteur du savoir, comme cela a déjà été mentionné.

Quatrième bienfait : rechercher le plaisir de la compagnie des autres et leur faire plaisir en les fréquentant. Cela peut être une bonne chose comme le fait de rechercher le plaisir dans la compagnie des pieux. C'est également un moyen de réconforter le cœur et de lui faire oublier les tourments de la solitude. Ainsi, on peut parfois chercher le plaisir de la compagnie d'une personne qui ne gâchera pas le reste de notre journée. Il convient également de s'attacher à discuter de religion lorsqu'on rencontre les gens.

Cinquième bienfait : acquérir des récompenses et permettre aux autres d'en acquérir.

Acquérir des récompenses se réalise en assistant aux funérailles, en visitant le malade, en étant présent aux mariages et en répondant favorablement aux invitations. Il y a une récompense en cela qui est atteinte en rendant le musulman heureux.

Permettre aux autres d'acquérir des récompenses se produit quand une personne accueille les gens chez elle afin qu'ils la consolent, la félicitent ou la visitent lorsqu'elle est malade. Ils seront récompensés pour cela. La même chose s'applique pour le savant qui autorise les gens à le visiter. Cependant, il convient de comparer les récompenses de ce type de fréquentation avec les effets négatifs potentiels. En fonction de cela, il sera préférable de choisir soit la solitude, soit la fréquentation des gens. De nombreux pieux prédécesseurs préféraient la solitude à ces choses.

Sixième bienfait : l'humilité. Elle ne peut être atteinte dans la solitude, car l'orgueil constitue parfois la raison pour laquelle une personne choisit de s'isoler. Il se peut qu'il ne se rende pas dans les assemblées, car les gens ne lui montrent pas suffisamment de respect ou ne le présentent pas d'une manière appropriée à son statut. Il se peut également qu'il évite de se mêler aux gens en raison d'un rang supérieur aux leurs, ou pour d'autres raisons similaires.

L'un des signes de ce genre de caractère est que la personne souhaite que les autres la visitent, mais qu'elle ne veuille pas visiter les autres. Cet homme-là est heureux lorsque le gouverneur et les gens du commun se rapprochent de lui, se réunissent chez lui et embrassent sa main. Choisir la solitude en raison de cela n'est qu'ignorance, car l'humilité ne rabaisse pas la personne de haut rang.

Maintenant que l'on connait les bienfaits et les pièges de la solitude, on peut déduire que donner une réponse générale et détaillée à son sujet, qu'elle soit positive ou négative, est une erreur. Plutôt, il convient de tenir compte de la personne concernée, de sa situation, de son entourage, de la raison de se mêler aux gens, des bienfaits perdus lors de la fréquentation, et de comparer ces bienfaits perdus avec ceux acquis. À ce moment-là, la vérité sera claire et ce qui est meilleur apparaîtra.

L'imam Al-Shafi'i a dit : « S'écarter des gens suscite leur hostilité et s'ouvrir à eux cause du tort. Fais donc preuve de modération dans tes relations avec eux. »

Celui qui mentionne autre chose en dehors de cela aura donné une information inappropriée. Il n'aura parlé que de sa propre situation et il n'est pas permis pour lui de donner un jugement pour les autres qui ont une situation différente de la sienne.

3- La bienséance dans la solitude

Si l'on demande : « Quelle est l'attitude à adopter dans la solitude ? »

Je répondrais : celui qui s'engage dans la solitude doit avoir pour intention d'éloigner les gens de son mal, de chercher à se protéger du tort de mauvaises personnes, d'éviter de manquer aux droits des musulmans et d'avoir le ferme objectif de se dévouer à l'adoration d'Allah. Telles sont des attitudes à adopter claires.

Dans les moments de solitude, il convient d'être régulier dans l'application de son savoir et de s'engager dans des actes d'adoration, en se remémorant constamment Allah et en méditant. On récoltera alors les fruits de la solitude. Il faut interdire aux gens de multiplier les visites afin qu'on puisse disposer d'un temps libre. Il ne convient pas de se mêler des affaires des gens ni de prêter attention aux rumeurs du quartier et à ce que les gens font, car tout ce qui est implanté dans le cœur ressurgit pendant la prière. L'implantation des informations dans les oreilles est comme l'implantation des graines dans le sol.

Le solitaire doit se satisfaire d'une vie simple, car désirer une vie luxueuse lui imposera de fréquenter les gens.

Il doit supporter patiemment les torts des autres. Il ne doit pas prêter attention aux éloges que les gens font de sa solitude ou aux critiques qu'ils portent sur son isolement, car cela affecte le cœur et le conduiront à stopper son voyage vers l'au-delà.

Il doit avoir un bon ami avec qui il se détend occasionnellement afin de se reposer de l'effort lié à l'adoration constante. Cela lui permettra de regagner des forces pour adorer Allah.

La patience dans la solitude ne peut être atteinte sans abandonner l'espoir d'acquérir la vie d'ici-bas. Son espoir d'acquérir les parures de ce bas monde ne pourra être abandonné sauf s'il n'espère pas avoir une longue vie. Lorsqu'il se lève le matin, il doit prendre conscience qu'il peut mourir avant le soir. Lorsqu'il parvient au soir, il doit prendre conscience qu'il peut mourir avant d'atteindre le matin. De cette manière, il sera facile pour lui d'être patient, car il ne s'occupera que d'un jour à la fois.

Il doit constamment se rappeler la mort et la solitude de la tombe. Chaque fois que son cœur est attristé par la solitude, il doit se convaincre que si sa remémoration et sa connaissance d'Allah n'ont pas produit dans son cœur ce qui le réconforte, alors il ne sera pas capable de supporter la solitude après la mort, et que celui dont le souvenir et la connaissance d'Allah le réconfortent, la mort ne lui retirera pas cela. En effet, la mort ne retire pas la source du réconfort et du savoir, comme Allah a dit au sujet des martyrs :

« Au contraire, ils sont vivants, auprès de leur Seigneur, comblés de bienfaits »[1]

Quiconque se dévoue à Allah dans son combat contre sa propre personne est un martyr, comme cela est rapporté d'un compagnon qui a dit : « Nous sommes revenus du petit jihad pour le grand jihad. »

---

1 Sourate 3 : La Famille de 'Imran, verset 169

Chapitre 7 : Le comportement relatif au voyage

Le voyage est un moyen d'être sauvé de ce que l'on fuit ou d'atteindre ce que l'on désire.

Il existe deux types de voyages : le voyage du corps qui implique que l'on quitte un endroit et le voyage du cœur qui chemine du plus bas des degrés vers le sommet des cieux. Il s'agit du plus noble des deux types de voyages. En effet, celui qui demeure dans la condition dans laquelle il se trouvait à sa naissance, s'accrochant à ce qu'il a appris en imitant ses ancêtres, sera dans un état de déficience constant. Il se contentera d'une éducation défectueuse et échangera l'immensité des cieux et de la terre contre les ténèbres d'une prison étroite.

Un poète a dit :

Je n'ai pas vu chez les gens de faute plus grande
Que l'erreur de ceux capables d'accomplir de grandes choses
Mais qui s'en sont abstenus.

Toutefois, en raison du fait que celui qui s'aventure dans ce voyage s'expose à un grave danger, ses chemins ont été réduits à néant.

Le voyage du corps est de différentes sortes. Il contient des bienfaits et de nombreux méfaits, tels que la solitude et la fréquentation des gens, comme je l'ai détaillé précédemment.

Les bienfaits issus du voyage résultent du fait que les gens s'y engagent soit pour fuir, soit pour acquérir quelque chose. Fuir peut consister à se sauver d'une situation accablante liée à ce bas monde, comme une épidémie qui apparaît dans un pays, la crainte des troubles et des polémiques, ou des prix trop élevés.

Les situations accablantes liées à la religion incluent par exemple le cas de celui qui a été éprouvé dans son pays par un haut rang, des richesses et d'autres choses qui l'ont tenu loin de la dévotion à Allah. Ainsi, une telle personne préférera l'émigration, l'anonymat et s'écartera de la richesse et du prestige. On peut également citer celui qui est appelé à faire partie d'une innovation religieuse ou qui exerce un métier interdit. Il cherchera alors ensuite à fuir sa condition.

Quant au fait de voyager pour une affaire importante, le motif peut concerner la vie mondaine comme la recherche de biens et rangs élevés, ou la vie religieuse comme la recherche de la science, l'acquisition d'un bon comportement, ou la contemplation des signes d'Allah sur la terre. Il a rarement été rapporté que quelqu'un acquit la science sans voyager, et cela depuis le temps des Compagnons (qu'Allah les agréés) jusqu'à aujourd'hui.

Concernant le fait de vouloir découvrir sa propre nature et d'acquérir un bon comportement, c'est là quelque chose d'important, car la route vers l'au-delà ne peut être parcourue sans affiner le caractère et l'éduquer. Le voyage est appelé « safar » (en arabe), car il expose le comportement d'une personne.

Généralement, celui qui se trouve dans son propre pays ne montre pas de mauvaises manières, car les choses auxquelles il est habitué se trouvent autour de lui. En revanche, s'il fait face aux difficultés et aux fardeaux d'un voyage, qu'il n'est pas dans un environnement qui lui est familier et qu'il est éprouvé par le fait de se trouver loin de son pays, alors il montrera son mauvais côté et ses défauts seront connus.

La personne dotée d'intelligence qui observe les signes d'Allah sur Sa terre récolte plusieurs bienfaits.

La terre est composée de différentes contrées, elles-mêmes divisées en parties juxtaposées contenant montagnes, vallées, déserts, mers ainsi que des espèces variées d'animaux et de végétaux. Chaque élément démontre l'Unicité d'Allah et fait son éloge dans une langue éloquente. Ne s'en rend compte que celui qui écoute et qui est attentif.

Quand je parle d'écoute, je fais référence à une écoute intérieure, à travers laquelle on perçoit ce qu'exprime l'état de chaque chose. Il n'y a pas un atome dans les cieux et sur la terre sans que celui-ci ne révèle de multiples signes de l'Unicité d'Allah, l'Exalté.

J'ai mentionné certains bienfaits du voyage tels que fuir un emploi illicite de haut rang, un haut statut ou l'attachement à de trop nombreuses choses. En effet, la dévotion à Allah ne se réalise que lorsque le cœur est libre de toute chose en dehors d'Allah. On ne peut imaginer qu'un cœur puisse être libéré des choses importantes de ce monde ni des besoins fondamentaux. En revanche, on peut imaginer qu'il soit possible d'amoindrir et de minimiser ces choses. Les gens qui n'eurent que peu d'attaches furent préservés, alors que ceux qui en étaient surchargés furent anéantis. Celui qui est attaché à peu de choses est celui qui ne fait pas de ce monde sa principale préoccupation.

1- Le voyage permis

Parmi les différents types de voyage se trouve le voyage

permis, comme le tourisme. Quant au voyage sans but, qui ne définit aucune destination spécifique ni un endroit connu, il est interdit.

Un hadith rapporté par Tawus stipule que le Prophète (paix sur lui) a dit : « **Pas de monachisme, d'ermitage, ni de vagabondage en Islam** »[1]

L'imam Ahmad Ibn Hanbal a dit : « Il n'y a pas de vagabondage en Islam et cela ne fut pas pratiqué par les Prophètes ni par les vertueux. »

En raison du fait que le voyage distrait le cœur, on ne doit voyager que pour la recherche du savoir ou pour la visite d'un savant dont la vie peut servir d'exemple.

La bienséance relative au voyage est connue et est mentionnée dans les livres traitant des rites du pèlerinage ainsi que dans d'autres endroits.

Parmi ses règles figure le fait que le voyageur doive s'acquitter des droits des gens, rembourser ses dettes, préparer les dépenses à venir de ceux dont il a la charge et de rendre aux gens ce qu'ils lui ont confié.

Il convient également qu'il choisisse un compagnon vertueux pour le voyage et qu'il fasse ses adieux à sa famille et à ses amis.

Qu'il accomplisse aussi la prière de la consultation et qu'il

---

[1] La chaîne de narrateurs de ce hadith ne remonte pas jusqu'au Prophète (paix sur lui). Il a été rapporté sous cette forme par 'Abd Al-Razzaq. Cependant, le hadith a été rapporté par Al-Darimi avec une chaîne authentique de transmetteur selon Sa'd ibn Abi Waqqas qui a rapporté que le Prophète (paix sur lui) a dit à 'Uthman ibn Maz'un : « **Ô 'Uthman ! Il ne m'a pas été commandé de pratiquer le monachisme** ». Le hadith a été rapporté par Al-Boukhari et Muslim avec le mot « célibat ».

parte un jeudi, tôt dans la journée.

Il ne doit pas voyager seul, et la majeure partie de son voyage doit se dérouler la nuit. Il ne doit pas négliger les formules de rappel ni les invocations lorsqu'il atteint une étape, qu'il gravit une colline ou qu'il descend vers une vallée.

Il doit prendre avec lui ce qui lui sera profitable comme un miswak, un peigne, un miroir, une boîte de khol, et d'autres choses de ce genre.

2- Ce qu'il incombe au voyageur de faire

Le voyageur doit prendre des provisions pour ce monde et pour l'au-delà. Quant aux provisions de ce monde, il s'agit de nourritures, de boissons et des choses dont il a besoin.

Il ne doit pas dire : « Je vais m'en aller en plaçant ma confiance en Allah, sans prendre de provisions avec moi », car prendre des provisions n'est pas contraire à la confiance en Allah.

En ce qui concerne les provisions de l'au-delà, il s'agit de la science dont il a besoin pour se purifier, prier, connaître les permissions liées au voyage tel que le raccourcissement et le regroupement des prières, rompre le jeûne, connaître la durée permise de l'essuyage des chaussettes, accomplir les ablutions sèches ainsi que les prières surérogatoires de celui qui voyage. Tous ces principes et leurs conditions sont mentionnés dans les livres de jurisprudence.

Le voyageur doit connaître les éléments qui changent à cause du voyage. Cela comprend le fait de connaître la direction de la Qiblah et les temps d'accomplissement des prières, car c'est encore plus important en voyage que lorsqu'on est chez soi.

Il doit chercher la direction de la Qiblah en observant les étoiles, le soleil, la lune, les vents, l'eau, les montagnes et les galaxies, comme cela est expliqué dans les livres traitant de ces sujets. Les montagnes sont prises en compte, car elles font toutes face à la Qiblah[1].

Quant aux galaxies, elles sont visibles durant la première partie de la nuit, au-dessus de l'épaule gauche de celui qui prie, en direction de la Qiblah. Ensuite, leurs sommets se tournent de telle sorte que dans la dernière partie de la nuit, ils se trouvent au-dessus de l'épaule droite de celui qui prie. Les galaxies sont appelées les « selles du ciel ».

Il est impératif de connaître les temps des prières. Le temps de Dhohor débute lorsque le soleil passe le méridien. Le voyageur doit planter un bâton dans le sol, de manière verticale et marquer le point d'ombre, puis observer. Lorsqu'il voit l'ombre décliner, il doit comprendre que le temps de Dhohor n'a pas commencé. Si l'ombre diminue, le voyageur doit savoir que le soleil a passé le méridien et que le temps de Dhohor a débuté, et c'est là son premier temps d'accomplissement. La dernière partie de son temps est atteinte lorsque l'ombre d'une chose est de longueur égale à elle. C'est alors que la première partie du temps du 'Asr débute. La fin de son temps est atteinte quand l'ombre d'une chose fait deux fois sa longueur.

Il a été rapporté que l'imam Ahmad a dit : « Le temps du 'Asr dure tant que le soleil n'a pas jauni. Si le soleil jaunit, le temps préférable d'accomplissement du 'Asr a expiré et ce qui reste correspond au temps permis, et ce jusqu'au coucher du soleil. Pour ce qui est des autres temps d'accomplissements, ils sont connus. »

---

1 N.D.T : Certaines chaînes montagneuses sont orientées vers d'autres directions.

Chapitre 8 : Le comportement relatif au commandement du bien et à l'interdiction du mal

Sache que commander le bien et interdire le mal constituent un élément fondamental de la religion. C'est la tâche pour laquelle les Prophètes ont été envoyés. Si cela était aboli, la religion serait détruite, la corruption se répandrait et les pays seraient anéantis.

Allah l'Exalté a dit :

« Que soit issue de vous une communauté qui appelle au bien, ordonne le convenable, et interdit le blâmable. Car ce seront eux qui réussiront. »[1]

Ce verset indique que ce devoir est une obligation collective et non pas individuelle, car Allah a dit :

« Que soit issue de vous une communauté »

Et Il n'a pas dit : « Chacun d'entre vous doit ordonner le bien. »

Par conséquent, si un nombre suffisant de personnes se charge de cette tâche, l'obligation est retirée pour le reste des gens.

---

1   Sourate 3 : La Famille de 'Imran, verset 104

Dans ce verset, la réussite se limite aux personnes engagées dans cette mission. De nombreux versets du Noble Coran traitent du commandement du bien et de l'interdiction du mal.

Al-Nu'man Ibn Bashir (qu'Allah l'agrée) rapporte :

« J'ai entendu le Messager d'Allah (paix sur lui) dire : « L'exemple de celui qui se conforme à l'ordre d'Allah et à **Ses restrictions comparé à ceux qui les violent est tel l'exemple de ceux qui montèrent dans un bateau. Certains d'entre eux obtinrent des places sur le pont alors que les autres furent placés dans les cales. Quand ces derniers avaient besoin d'eau, ils devaient monter (ce qui gênait les passagers du pont). Ils dirent alors : « Faisons un trou dans notre partie du bateau (afin de récolter de l'eau) pour épargner de la gêne ceux qui se trouvent au-dessus de nous. ». Si les gens du pont les avaient laissés mettre leur idée à exécution, l'ensemble des passagers aurait péri, mais s'ils les en avaient empêchés, les deux parties seraient restées en sécurité. »**[1]

1- Les degrés du commandement du bien et de l'interdiction du mal

Il a été rapporté dans un hadith célèbre que le Prophète (paix sur lui) a dit : « **Quiconque parmi vous voit un mal, qu'il le change par sa main. S'il en est incapable, qu'il le change par sa langue. S'il en est incapable, qu'il le change par son cœur, et c'est là le plus bas degré de la foi. »**[2]

Un autre hadith stipule : « **Le meilleur jihad est une de**

---

1   Rapporté par Al-Boukhari
2   Rapporté par Muslim

vérité face à un dirigeant injuste. »[1]

Un autre hadith rapporte : « **Si tu vois ma communauté craindre de dire à un oppresseur : « Tu es un oppresseur », alors sache qu'Allah l'a abandonnée.** »[2]

On rapporte qu'Abu Bakr Al-Siddiq (qu'Allah l'agrée) a dit dans un de ses sermons : « Ô gens, vous lisez ce verset :

« **Ô les croyants ! Vous êtes responsables de vous-même ! Celui qui s›égare ne vous nuira point si vous avez pris la bonne voie.** »[3]

Et j'ai entendu le Messager d'Allah (paix sur lui) dire : « **Il n'y a pas de désobéissant qui ne se repent pas tout en ayant vécu au côté d'une personne bien guidée sans qu'Allah ne les engouffre ensemble dans Son châtiment.** » »[4]

2- Les piliers, les conditions, les degrés et la bienséance relatifs au commandement du bien et à l'interdiction du mal

Sache que le commandement du bien et l'interdiction du mal reposent sur quatre piliers.

Le premier pilier : celui qui appelle à cela doit être un musulman légalement responsable qui est capable de commander le bien. C'est la condition liée à l'obligation du commandement du bien.

Le jeune garçon doué de discernement peut appeler au bien et il sera récompensé pour cela. Cependant, il ne lui est

---

1   *Sahih Abu Dawud*
2   Rapporté par Ahmad. La chaîne de transmission du hadith est faible.
3   Sourate 5 : La Table Servie, verset 105
4   *Al-Sahihah*

pas obligatoire de commander le bien aux gens.

Certains savants furent d'avis que celui qui commande le bien aux autres doit être intègre. Ils ont affirmé que le débauché n'a pas à commander le bien aux gens. Ils ont fondé leur opinion sur la parole d'Allah :

« Commanderez-vous aux gens de faire le bien, et vous oubliez vous-mêmes de le faire »[1]

Il ne s'agit cependant pas d'une preuve forte.

D'un autre côté, certains savants ont émis comme condition l'autorisation du gouverneur ou de son représentant. Ils n'ont pas permis aux gens de prendre en charge ce devoir d'eux-mêmes.

Cet avis est invalide, car les versets et les ahadiths généraux indiquent que quiconque voit un mal commis tout en restant silencieux aura désobéi à Allah. Ainsi, rendre les preuves spécifiques en établissant que le gouverneur doive donner sa permission est une exagération.

Il est étonnant que les Rawafids aient eu quelque chose à ajouter à ce sujet : « Il n'est pas permis de commander le bien tant que l'imam infaillible n'est pas sorti. ». Ces gens-là sont les moins qualifiés pour parler de ce principe. La réponse à leur affirmation est que lorsqu'ils se rendent chez un juge pour réclamer leurs droits, on devrait leur dire : « Vous ne pourrez obtenir vos droits que par l'intermédiaire du fait que l'on commande le bien, et récupérer vos droits suite à une injustice s'accomplit en interdisant le mal. Or, le temps n'est pas encore venu pour cela, car l'Imam n'est pas sorti ! ».

---

1   Sourate 2 : La Vache, verset 44

Si l'on dit : « Commander le bien établit une autorité sur celui que l'on appelle à cela, donc cela n'est pas établi pour le mécréant envers un croyant, malgré le fait que ce soit juste. Ainsi, ce principe ne peut pas s'établir entre les individus sans l'autorisation du gouverneur. »

Je répondrais : « Quant au mécréant, il lui est interdit d'accomplir cela, car ce principe repose sur le pouvoir et l'honneur. Quant aux musulmans, ils méritent cet honneur de par le fait qu'ils soient musulmans et de par leur savoir. »

3- Les degrés de prévention contre les infractions

Sache que la prévention contre les infractions se compose de cinq degrés :

- Le premier est l'information : faire savoir que telle et telle action représentent une infraction

- Le second est l'exhortation avec douceur

- Le troisième est la réprimande sévère. Je ne désigne pas par cela la réprimande indécente. Plutôt, il convient de dire au coupable : « Ô ignorant ! Ô insensé ! Ne crains-tu pas Allah ? » et d'autres propos similaires.

- Le quatrième est l'utilisation de la force comme dans le fait de briser les instruments de musique et de renverser l'alcool.

- Le cinquième est l'intimidation et la menace de battre le coupable jusqu'à ce qu'il stoppe le péché. Cette étape, contrairement aux précédentes, nécessite l'accord du dirigeant des musulmans, car elle peut conduire à des troubles civils et au désordre public.

Le fait que les pieux prédécesseurs ne cessaient de commander le bien aux dirigeants et de leur interdire le mal est une preuve claire qu'ils étaient unanimes sur le fait que cette tâche ne nécessite pas la permission du gouverneur.

Si l'on demande : « Est-ce qu'un enfant, un domestique, une épouse et un sujet ont le droit de commander le bien au père, au mari ou au dirigeant ainsi que de lui interdire le mal ? »

Je répondrais : « Chacun détient le droit de commander le bien et d'interdire le mal, et j'ai démontré que la prévention contre les infractions comprend cinq degrés. »

L'enfant peut accomplir deux étapes parmi les cinq : informer que telle et telle chose sont mauvaises ainsi qu'exhorter et conseiller avec douceur. Il lui est également permis d'agir jusqu'à la cinquième étape en brisant un luth par exemple ou en jetant l'alcool et d'autres choses similaires. Ce principe s'applique également au domestique et à l'épouse.

Quant aux sujets et au gouverneur, la situation est plus sérieuse que celle de l'enfant et de son père. Ainsi, un individu ne peut qu'informer et conseiller le dirigeant que telle et telle choses sont mauvaises.

Il est impératif que celui qui commande le bien soit en capacité de le faire. Quant à celui qui en est incapable, il ne doit l'effectuer qu'avec son cœur. L'incapacité physique n'annule pas l'obligation de commander le bien. En revanche, la peur d'être affligé par une conséquence indésirable qui résulterait du commandement du bien est considérée comme une incapacité.

De même, celui qui sait que son interdiction du mal ne sera pas profitable entre dans quatre situations possibles.

Premièrement, s'il sait que le mal sera retiré grâce à ses propos ou à ses actes, et qu'il n'en subira aucun tort, alors il lui est obligatoire de l'interdire.

Deuxièmement, s'il sait que ses propos seront vains ou pire, qu'il sera roué de coups s'il parle, alors dans ce cas il ne lui est pas obligatoire d'interdire le mal.

Troisièmement, s'il sait qu'interdire le mal ne sera pas utile, mais qu'il ne craint aucun tort, alors dans ce cas cela ne lui est pas obligatoire, car il sait que ce ne sera d'aucune utilité. En revanche, il lui est recommandé d'agir afin de promouvoir l'Islam et de rappeler la religion à l'esprit des gens.

Quatrièmement, s'il sait qu'il subira des préjudices s'il interdit le mal, mais que le mal sera anéanti par ses actes comme dans le cas où il briserait un instrument de musique ou renverserait de l'alcool, il ne lui est alors pas obligatoire de le faire. En revanche, cela est recommandé dans cette situation en raison du hadith qui stipule : « **Le meilleur jihad est un mot de vérité face à un dirigeant injuste** ».

Il n'y a aucune divergence parmi les savants au sujet du fait qu'il soit permis au musulman seul d'attaquer les rangs des mécréants et de combattre, même s'il sait qu'il sera tué. En revanche, s'il sait que cela n'aura aucun effet sur les mécréants, à l'image de l'aveugle qui se jette dans leurs rangs, alors il lui est interdit de faire cela. De manière similaire, si un musulman isolé voit une personne débauchée tenir un verre d'alcool et une épée dans ses mains, et qu'il sait que s'il la critique, cette personne continuera de consommer de l'alcool, mais frappera son cou de son épée, alors il ne lui est pas permis de le critiquer, car son interdiction du mal, dans cette situation, n'aura pas d'effet positif. Plutôt, il est recommandé d'interdire le mal si l'on sait que ce mal sera annulé et que cet acte sera profitable.

D'autre part, n'est absolument pas considéré comme capable d'agir celui qui sait qu'il sera battu avec ses compagnons, et qu'ensuite il ne lui sera pas possible de prévenir contre les infractions, car il sera incapable d'empêcher le mal sauf par des moyens qui mènent à une autre forme de mal.

Quand nous parlons de « savoir » ici, nous parlons du fait de savoir avec quasi-certitude. Donc, celui qui considère qu'il est hautement probable qu'on lui cause du tort, il ne lui est pas obligatoire d'interdire le mal.

Dans ce propos, le cas du lâche n'est pas pris en compte, ni le cas du téméraire. Plutôt, ce qui est pris en compte est le cas de celui qui a un tempérament modéré et une raison saine. Par « subir des torts », j'entends le fait d'être battu, tué, pillé, et humilié. Quant au fait d'être insulté et injurié, ce ne sont pas des excuses pour ne pas interdire le mal. En effet, celui qui commande le bien fait la plupart du temps face à ce genre de réactions.

Le deuxième pilier : le mal contre lequel on appelle doit être une chose interdite qui est actuelle et apparente. Pour que cette chose soit interdite, il faut que le fait qu'elle se produise soit interdit dans la Législation (Shari'ah). Une chose interdite est plus générale qu'un péché, car quiconque voit un petit garçon ou un fou boire de la bière doit la jeter et leur interdire de faire cela. De même, celui qui voit un fou commettre l'adultère avec une folle ou un animal doit l'en empêcher.

Mon propos « actuelle » exclut celui qui a consommé de l'alcool et a terminé ainsi que d'autres cas similaires qui ne concernent pas les individus. De même, ce propos exclut ce qui se passera dans le futur, comme le fait que l'on sache, de par des preuves contextuelles, qu'une personne a pour intention de consommer de l'alcool la nuit. Dans ce cas, aucune interdiction ne doit être faite excepté en conseillant la personne.

Mon propos « manifeste », exclut celui qui commet un péché, mais qui se cache chez lui pour l'accomplir ou qui ferme la porte de sa maison. Dans ce cas, il n'est pas permis de l'espionner, sauf si le péché qu'il commet peut être détecté par les gens à l'extérieur de sa maison, comme dans le cas du son des instruments de musique. Celui qui entend de tels bruits peut entrer dans la maison et briser les instruments. De même, si l'odeur de la bière émane d'un certain endroit, l'avis prépondérant est que les gens doivent se rendre à cet endroit et interdire ce péché.

Pour interdire un acte mauvais, il est impératif que cet acte soit connu comme étant mauvais sans ijtihad (effort d'interprétation personnel). Donc, il n'y a aucune interdiction concernant une affaire sujette à l'ijtihad. Ainsi, un Hanafi ne doit pas critiquer un Shafi'i pour avoir mangé une bête qui a été sacrifiée sans mention du Nom d'Allah. De même, un Shafi'i ne doit pas critiquer un Hanafi pour avoir bu une petite quantité de de dattes fermentées qui n'enivre pas.

Troisième pilier : il concerne celui à qui l'on interdit le mal. On doit interdire le mal à tout le monde. Il n'est pas stipulé qu'il doit être responsable légalement. J'ai précédemment expliqué qu'on devait interdire le mal au petit garçon et au fou.

Quatrième pilier : il concerne la prévention contre les infractions. Cet élément se compose d'étapes et de règles.

Première étape : celui qui interdit le mal doit avoir constaté qu'il a été commis avant de l'interdire. Ainsi, il ne lui est pas permis d'écouter discrètement ce qui se passe dans la maison d'un autre dans le but d'entendre le son d'un instrument de musique. De même, il ne doit pas chercher à détecter l'odeur de l'alcool sur l'autre. Il ne doit pas toucher ce qui est couvert d'un tissu dans le but de deviner la forme d'un instrument de musique. Il ne doit pas interroger les voisins dans le but de savoir ce qu'il s'est passé. En revanche, si deux musulmans honnêtes l'informent qu'un tel boit de l'alcool, il doit entrer chez le coupable et empêcher cela.

Deuxième étape : les gens doivent être informés au sujet de leurs mauvaises actions, car l'ignorant s'engage dans des actes qu'il ne considère pas comme étant interdits. Cependant, lorsqu'il sait que ces actions ne sont pas permises, il cesse de les accomplir. On doit dire à l'ignorant : « Personne ne naît savant. En effet, nous étions ignorants de la Législation jusqu'à que des savants nous l'enseignent. Peut-être qu'il n'y a pas de savants dans votre village. ». Cela implique que la personne ignorante soit informée de son mauvais acte sans être offensée. Celui qui n'interdit pas un mal par peur d'offenser un musulman, malgré le fait que l'interdiction soit indispensable, est comme celui qui a lavé du sang avec de l'urine.

Troisième étape : l'interdiction par l'exhortation, le conseil et l'invitation à craindre Allah. Celui qui interdit le mal doit citer les ahadiths qui contiennent des menaces et informer le malfaiteur au sujet de la vie des pieux prédécesseurs. Cela doit être accompli avec douceur, sans force ni colère. Il existe une erreur majeure qui doit être évitée et qui se produit lorsque le savant interdit le mal en pensant de lui-même qu'il est noble en raison de son savoir, et que l'ignorant est indigne à cause de son ignorance. Ce scénario est similaire au cas de celui qui sauve les autres du feu tout en se brûlant. Cette attitude représente le degré le plus élevé d'ignorance. C'est un comportement honteux et prétentieux.

Il existe un signe qui permet de se rendre compte de cela et de l'éviter. Il s'agit du fait que celui qui interdit le mal préfère que le coupable cesse grâce à son intervention, plutôt qu'il ne cesse de lui-même ou grâce à l'intervention d'un autre.

Si interdire le mal lui est difficile et pénible, et qu'il souhaite qu'un autre le fasse, qu'il se charge quand même de cette tâche, car ce qui l'y pousse est la religion. En revanche, s'il souhaite l'inverse, c'est qu'il suit ses passions en cherchant à montrer son rang à travers l'interdiction du mal. Dans ce cas, il doit craindre Allah et commencer par s'interdire le mal à lui-même.

Dawud Al-Ta'i fut interrogé : « Que penses-tu de celui qui se rend chez les gouverneurs, leur commande le bien et leur interdit le mal ? ». Il répondit : « Je crains qu'il ne soit fouetté. ». On lui répondit : « Il peut supporter cela. ». Il dit : « Je crains qu'il ne soit tué par l'épée. ». On lui dit : « Il peut supporter cela. ». Il dit : « Je crains pour lui la maladie insidieuse de la fatuité. »

Quatrième étape : réprimander et reprocher avec des mots durs.

On parvient à cette étape lorsque la douce exhortation n'a pas l'effet recherché, que le malfaiteur se montre têtu, et qu'il prend le conseil et l'exhortation en moquerie.

Par « réprimande », je ne désigne pas l'usage du langage grossier ni du mensonge. Plutôt, il convient de dire au coupable : « Ô personne immorale ! Ô insensé ! Ô ignorant ! Ne crains-tu pas Allah ? ».

Allah l'Exalté affirme que Ibrahim a dit à son peuple :

« Fi de vous et de ce que vous adorez en dehors d'Allah

! Ne raisonnez-vous pas ? »[1]

Cinquième étape : Stopper le mal par l'usage de la force comme en brisant les instruments de musique, en jetant l'alcool et en expulsant une personne d'une maison qu'elle aura indûment acquise.

Deux règles sont à respecter lors de cette étape :

- premièrement, celui qui interdit le mal ne doit pas faire usage de la force si le malfaiteur répond favorablement aux invectives verbales. Donc, s'il l'invite à quitter la maison injustement habitée et qu'il évacue les lieux, alors dans ce cas il ne doit pas le tirer ou le pousser.

- deuxièmement, il doit briser les instruments de musique de manière à les rendre inutilisables, et il ne doit pas aller plus loin que cela. Lorsqu'il renverse l'alcool, il doit éviter de casser des ustensiles, autant que possible. S'il n'a pas d'autres choix que de briser les récipients d'alcool, alors il lui est permis de le faire. Il ne sera pas redevable de la valeur des récipients.

Si le coupable protège l'alcool de ses mains, celui qui interdit le mal peut les frapper afin de qu'il puisse avoir accès à l'alcool et le renverser. Si l'alcool se trouve dans des bouteilles dotées de goulots étroits, si bien que le renverser prendra trop de temps et que cela laissera la possibilité aux débauchés de le rejoindre et de l'empêcher d'agir, alors il peut briser les verres, car il s'agit d'une excuse recevable. De même, si se débarrasser de l'alcool lui prend trop de temps et l'empêche d'accomplir son travail, alors il devra briser les bouteilles, même s'il ne craint pas d'être dérangé par les dépravés.

Si on demande : « N'est-il pas permis de casser les bou-

---

1   Sourate 21 : Les Prophètes, verset 67

teilles ou de repousser l'usurpateur d'une maison dans un but de dissuasion ? »

Ma réponse est : « Cela est autorisé pour les autorités, mais n'est pas permis pour les individus, car il s'agit d'un sujet relevant de l'effort d'interprétation (ijtihad). »

Sixième étape : Menacer et avertir comme en disant par exemple : « Cesse ou je te ferais telle et telle chose. ». Il convient, lorsque cela est possible, d'utiliser cette méthode avant l'usage de la force.

Les règles de cette étape impliquent de ne pas utiliser de menaces illicites comme : « Je pillerais ta maison » ou « Je capturerais ta femme et en ferais mon esclave », car de tels propos impliquent de se résoudre à s'engager dans des actes illicites et cela est interdit. D'autre part, tenir ces propos sans se résoudre à les accomplir est du mensonge.

Septième étape : User des poings et des pieds d'une manière qui n'implique pas de menacer le malfaiteur avec une arme. Cela est permis pour les individus à condition que ce soit limité à ce qui est nécessaire. Si le malfaiteur cesse, alors il faut cesser également.

Huitième étape : Celui qui ne peut pas stopper le mal par lui-même peut faire appel aux autres pour menacer le malfaiteur. Néanmoins, le débauché peut également faire appel à ses alliés. L'opinion correcte dans ce cas est que cette situation implique la permission du dirigeant, car elle peut mener au trouble civil et au chaos.

4- Les qualités requises chez celui qui s'engage dans la lutte contre les infractions

J'ai mentionné les règles que doit respecter celui qui s'engage dans la réprobation du mal. J'ai résumé les qualités d'une telle personne ci-après :

1- Le savoir relatif à la réprobation du mal, sa définition et les contextes dans lesquels elle s'applique.

2- La crainte d'Allah, car on peut connaître une chose sans l'appliquer en raison d'un motif quelconque.

3- Le bon comportement. Cela est essentiel, car il permet à la personne de résister au fait de commettre le mal. En effet, lorsque la colère d'une personne est éveillée, alors le savoir et la crainte d'Allah ne sont plus suffisants pour l'éteindre si elle n'est pas dotée d'un bon comportement.

L'un des pieux prédécesseurs a dit : « Nul ne doit appeler au bien sauf celui qui est doux dans cet appel, doux dans l'interdiction du mal, patient dans l'invitation au bien, patient dans la réprobation du mal, qui possède la connaissance de ce à quoi il appelle et de ce qu'il interdit. »

D'autres règles incluent le fait de limiter les liens avec les gens et abandonner tout espoir de tirer profit d'eux afin de ne pas s'exposer au fait d'être amadoué.

Il a été rapporté qu'un pieux prédécesseur possédait un chat. Il se rendait chaque jour chez le boucher, qui était son voisin, afin de récupérer de la viande pour son chat. Plus tard, il vit le boucher accomplir un mal. Il mit le chat hors de chez lui puis se rendit chez le boucher pour lui interdire de commettre ce mal. Le boucher dit alors : « À partir d'aujourd'hui, je ne te donnerais plus rien pour ton chat. » Il répondit : « Je ne t'ai rien interdit sans auparavant avoir mis le chat hors de chez moi, afin que je n'attende rien de toi. ».

Ceci est correct, car celui qui se repose sur les gens concernant deux choses, ne sera pas en mesure d'interdire le mal. Ces deux choses sont :

- à cause de ce qu'ils lui donnent, il est incapable d'accomplir cet acte noble.

- il échoue à accomplir cet acte pour les satisfaire et s'attirer leurs éloges.

Il est impératif d'être doux dans le commandement du bien et l'interdiction du mal. Allah l'Exalté a dit :

« Puis parlez-lui avec douceur »[1]

On rapporte qu'Abu Al-Darda (qu'Allah l'agréé) passa près d'un homme qui avait commis un péché et qui se faisait réprimander par les gens. Il dit : « Si vous l'aviez trouvé dans un puits, l'en auriez-vous sorti ? ». Ils répondirent : « Oui, nous l'en aurions sorti. » Il dit : « Par conséquent, ne réprimandez pas votre frère et louez Allah qui vous a préservé de commettre ce qu'il a commis. » Ils dirent : « Ne le détestes-tu pas ? ». Il dit : « Je déteste ses actes, et s'il les délaisse, il est mon frère. »

Un jeune garçon passa par une route, alors que son vêtement traînait derrière lui. Les compagnons de Silah ibn Ushaym voulurent le réprimander sévèrement. Il dit : « Laissez-moi m'en occuper. » Puis il dit : « Ô fils de mon frère ! J'ai besoin que tu m'accordes une faveur. » Le jeune garçon répondit : « Quoi donc ? ». Il dit : « Je voudrais que tu remontes ton vêtement. » Il dit : « D'accord, je te donnerais satisfaction en t'obéissant. » Il remonta ensuite son vêtement. Silah dit à ses compagnons : « Cela est meilleur que ce que vous aviez l'intention de faire, car si vous l'aviez réprimandé

---

1   Sourate 20 : Ta-Ha, verset 44

et offensé, il vous aurait également insulté. »

Al-Hassan fut invité à un mariage. Un récipient en argent contenant des sucreries faites à partir de dattes et de graisses lui fut présenté. Il prit les sucreries, les mit dans un morceau de pain puis les mangea. Une des personnes présentes dit alors : « C'est là la réprobation silencieuse. ».

5- Les actes répréhensibles dont les gens sont coutumiers

Sache que les actes répréhensibles dont les gens sont coutumiers ne peuvent être énumérés. Cependant, je vais citer certains péchés qui indiquent le reste.

a) Les actes répréhensibles dans les mosquées

Certains se produisent régulièrement dans les mosquées comme le manque de quiétude pendant l'inclinaison et la prosternation, ainsi que tout ce qui affecte le bon accomplissement de la prière. C'est le cas également des impuretés qui se trouvent sur les vêtements du fidèle sans qu'il ne s'en rende compte ou le fait de se détourner de la Qiblah à cause de l'aveuglement ou l'obscurité. Ajoutons à cela les erreurs dans la récitation du Coran.

Il est meilleur pour celui qui est en état de retraite spirituelle de s'engager dans la critique de ces choses et d'en informer les gens plutôt que d'accomplir des actes surérogatoires qui ne profitent qu'à lui.

Parmi les actes blâmables, on peut également citer les muezzins qui allongent l'adhan et prolongent exagérément la prononciation des mots. Citons aussi le fait que les prêcheurs portent des vêtements en soie ou tiennent un sabre en or dans leurs mains.

D'autres actes mauvais incluent ce que les conteurs colportent dans les mosquées comme mensonges et choses interdites telles que le fait de parler de ce qui conduit aux troubles civils et autres maux de ce genre.

On peut ajouter la mixité délibérée entre hommes et femmes. Il convient d'interdire cela aux gens.

Se réunir le vendredi afin de vendre des médicaments, de la nourriture, des talismans, mendier, réciter de la poésie et tout ce qui est similaire à cela constituent également des actes répréhensibles. Certains sont interdits alors que d'autres sont détestables.

b) Les actes répréhensibles dans les marchés

Sont inclus les mensonges au sujet du taux de profit sur les biens et le fait de cacher les défectuosités. Celui qui ment et dit : « J'ai acheté ceci pour dix dirhams, et j'en tire un profit de un dirham » alors que ce n'est pas vrai est un débauché.

Il est impératif pour celui qui connait la vérité d'informer l'acheteur du mensonge du vendeur. S'il reste silencieux par considération pour le vendeur, il sera complice de cette tromperie. De même, celui qui connaît un défaut dans la marchandise doit en informer l'acheteur. De plus, celui qui est au courant d'une tricherie dans la pesée et la mesure des marchandises doit interdire cela, soit par lui-même, soit en informant les autorités pour qu'elles corrigent le problème.

Parmi les autres actes répréhensibles se trouvent l'invalidité des conditions, l'usure, la vente d'instruments de musique, de représentations interdites et d'autres choses similaires.

c) Les actes répréhensibles dans les rues

Sont inclus le fait de construire une boutique rattachée aux immeubles qui appartiennent à d'autres, les bâtiments qui dépassent sur la rue, ou le fait de planter des arbres si cela mène à réduire la route et porte préjudice aux passants. En revanche, installer une certaine quantité de bois et de nourriture qui peut être transportée par les gens chez eux est permis, car cela fait partie des besoins courants.

Ajoutons le fait d'attacher un animal dans la rue de manière à la rendre plus étroite et à gêner les gens. Cela doit être interdit, sauf lorsque c'est fait dans le but de descendre de la bête.

Citons également la surcharge d'un animal au point qu'il soit incapable de la supporter, jeter des déchets dans la rue, répandre des pelures de pastèques, ou asperger la rue d'eau au point qu'elle devienne glissante pour les passants. Ce dernier point concerne cependant l'eau provenant d'une gouttière spécifique. Quant à l'eau de pluie, c'est au dirigeant de s'en occuper et les individus n'en ont pas la responsabilité.

d) Les actes répréhensibles dans les hammams

Sont incluses les images d'animaux sur la porte du hammam ou à l'intérieur. Défigurer le visage de la représentation suffit à la détruire, car elle ne sera dès lors plus considérée comme telle. Celui qui est dans l'incapacité d'interdire l'installation de représentations dans un hammam, il lui ne lui est pas permis d'y entrer sauf en cas de nécessité. Si son cas ne tient pas de la nécessité, alors il doit utiliser un autre hammam.

Citons également le fait de découvrir les parties intimes, les regarder, découvrir les cuisses pour le masseur ainsi que ce qui se trouve sous le nombril pour qu'il puisse retirer les impuretés ou toucher ces endroits.

Ajoutons le fait de plonger des mains sales et des accessoires dans une petite quantité d'eau. Si un malékite fait cela, on ne doit pas le lui interdire. On doit plutôt l'exhorter avec douceur en lui disant : « Tu as la possibilité d'éviter de m'offenser en ne salissant pas mes moyens de purification. »

e) Les actes répréhensibles dans l'accueil des gens

Cela inclut le fait d'étendre des tapis de soie pour les hommes, de mettre de l'encens dans des récipients en or et en argent, d'utiliser ce type de récipients pour boire ou pour verser de l'eau de rose, d'accrocher des rideaux sur lesquels se trouvent des images, d'écouter des chanteuses et de la musique, et que les femmes portent leurs regards sur de jeunes hommes qui pourraient les tenter.

Il n'est pas répréhensible d'avoir des tapis et des coussins munis d'images. De même, les tapis de soie et l'or sont permis pour les femmes. En revanche, aucune permission n'a été donnée quant au fait de perforer les oreilles des jeunes filles dans le but de leur mettre des boucles d'oreilles en or, car cela cause une blessure douloureuse et ce n'est pas permis. Les colliers et les bracelets suffisent. Il n'est pas permis d'engager quelqu'un pour se charger de ces tâches et l'argent perçu pour cela est illicite.

f) Les actes répréhensibles généraux

Celui qui est certain qu'un acte répréhensible se produit en permanence au marché, ou à certains moments, et qui est capable de le faire stopper, il lui est obligé d'agir pour faire cesser l'acte. Le fait qu'il reste chez lui ne lui retire pas l'obligation. S'il ne peut faire cesser qu'une partie de l'acte blâmable, il doit le faire.

Il est impératif pour chaque musulman de débuter par sa

propre réforme en étant constant dans l'accomplissement des obligations et dans le fait d'éviter les choses interdites.

Ensuite, il doit enseigner à sa famille et ses proches. Après cela, il doit reformer ses voisins et les gens de sa commune. Puis, il continue avec les gens de son pays. Ce n'est qu'après cela qu'il s'adresse aux masses et aux endroits les plus éloignés du monde.

Si celui qui est proche d'un peuple le réforme, l'obligation de la réforme est levée pour celui qui se trouve plus loin que lui. Si ce n'est pas le cas, alors chaque individu capable doit interdire le mal selon ses capacités.

6- Commander le bien et interdire le mal aux dirigeants et aux gouverneurs

J'ai mentionné les étapes du commandement du bien et de l'interdiction du mal. Il est permis d'appliquer les deux premières étapes aux gouverneurs. Elles consistent à les informer du mal de telle et telle action et à les exhorter. En revanche, les paroles dures telles que : « Ô injuste ! », « Ô celui qui ne craint pas Allah ! », ne sont pas permises si elles conduisent à un tumulte dont les conséquences affecteront d'autres personnes.

Celui qui sait qu'il sera le seul à être touché en cas d'utilisation de ces mots peut les employer selon l'avis majoritaire des savants. Cependant, mon avis est que cela n'est pas permis, car l'objectif est d'empêcher le mal. Or, inciter le gouverneur à agir envers lui de manière injuste est un mal plus grand que celui qu'il cherchait à empêcher. Cela, car les gouverneurs s'attribuent le respect et s'ils entendent un sujet dire : « Ô injuste ! », « Ô débauché ! », ils considéreront cela comme hautement irrespectueux et n'hésiteront pas à s'en prendre à l'auteur de ces propos.

L'imam Ahmad a dit : « N'affronte pas le gouverneur, car son sabre est dégainé. »

Ce qui a été rapporté des pieux prédécesseurs est qu'ils se confrontaient à leurs dirigeants, car ces derniers avaient du respect pour les savants. Lorsqu'ils se montraient familiers avec eux, les gouverneurs supportaient généralement leurs critiques.

J'ai compilé les conseils des pieux prédécesseurs envers les gouverneurs et les dirigeants dans mon livre : *Al-Misbah Al-Mudi'*. J'ai choisi certains récits afin de les mentionner ici.

- Sa'id Ibn 'Amir dit à 'Umar Ibn Al-Khattab (qu'Allah l'agrée) : « Je te conseille par ces quelques mots au sujet des principes généraux de l'Islam et de ses enseignements : crains Allah vis-à-vis des gens, mais ne crains pas les gens vis-à-vis d'Allah. Tes actes ne doivent pas contredire tes paroles, car le meilleur discours est celui confirmé par les actes. Aime pour tous les musulmans ce que tu aimes pour toi-même. Sois prêt à faire face à l'adversité pour la vérité et ne crains pas le blâme des reproches dans tout ce qui concerne Allah. »

'Umar demanda : « Qui peut accomplir cela, Ô Abu Sa'id ? »

Il répondit : « Celui qui a assumé la responsabilité que tu as assumée. »

- Qatadah rapporte : « 'Umar Ibn Al-Khattab (qu'Allah l'agrée) sortit de la mosquée avec Al-Jarud et vit une femme sur leur route. Il la salua et elle répondit à son salut. Elle dit : « Ô 'Umar ! Je me rappelle de toi tout jeune, te bagarrant avec d'autres garçons dans le marché de 'Ukaz. Tu as vite grandi et atteins la position de calife. Crains donc Allah concernant tes sujets et sache que celui qui craint la mort, craint qu'un jour il ne soit plus sur cette terre. »

'Umar (qu'Allah l'agrée) pleura. Al-Jarud dit : « Tu as eu l'audace de t'adresser au calife de cette manière et tu l'as fait pleurer. »

'Umar dit : « Laisse-la. Ne la connais-tu pas ? Il s'agit de Khawla bint Hakim (qu'Allah l'agréée) dont Allah a entendu le discours alors qu'Il se tenait au-dessus des sept-cieux. Alors, par Allah, 'Umar doit prêter attention à ce qu'elle dit. »

- Un vieil homme de la tribu de Azd s'introduisit auprès de Mu'awiyah et lui dit : « Ô Mu'awiyah ! Crains Allah. Sache que chaque jour et chaque nuit qui passe t'éloigne un peu plus de ce monde et te rapproche de l'Au-delà. Derrière toi se trouve ce à quoi tu ne peux échapper. Un drapeau que tu ne peux franchir a été planté. Tu l'atteindras bien vite et tu seras bientôt rattrapé par ce qui te poursuit. Certes, ce monde et nous périrons, mais l'au-delà durera pour l'éternité. Si tu agis en bien, tu atteindras le bien dans l'au-delà, et si tu agis en mal, tu seras châtié. »

- Sulayman Ibn 'Abd Al-Malik s'en alla à Médine et y demeura pendant trois jours. Puis, il dit : « Y'a-t-il quelqu'un ici qui a rencontré les Compagnons, afin qu'il me rapporte quelques ahadiths ? »

On lui répondit : « Il y a un homme du nom de Abu Hazim ».

Il le fit venir et celui-ci se présenta.

Sulayman dit : « Ô Abu Hazim ! Pourquoi es-tu hostile à moi ? ».

Abu Hazim répondit : « Quelle hostilité as-tu vue de moi ? »

Il répondit : « Tous les nobles de Médine sont venus me voir, mais pas toi. »

Il dit : « Je ne te connais pas au point de venir te voir. »

Sulayman dit : « Le shaykh a dit la vérité. Ô Abu Hazim ! Pourquoi avons-nous peur de la mort ? »

Il répondit : « Car tu es plus préoccupé par ce bas monde que par l'au-delà. Tu détestes donc échanger l'endroit pour lequel tu as lutté contre celui pour lequel tu ne t'es pas battu. »

Il dit : « Tu as dit vrai. Ô Abu Hazim ! Comment retournerons-nous vers Allah l'Exalté ? »

Il dit : « Quant au vertueux, il retournera vers Allah comme l'absent qui revient vers sa famille, rempli de bonheur. Quant au malfaisant, il retournera vers Allah comme l'esclave fugitif qui revient vers son maître, empli de tristesse et de crainte. »

Sulayman pleura et dit : « Ô Abu Hazim, malheur à moi ! Qu'ai-je auprès d'Allah ? »

Abu Hazim répondit : « Juge ta personne selon le Coran et tu connaîtras ton statut auprès d'Allah. »

Sulayman dit : « Comment puis-je obtenir une telle connaissance du livre d'Allah ? »

Abu Hazim répondit : « À travers la parole d'Allah :

« Certes, les vertueux seront dans un délice. Et certes, les dépravés seront dans la Géhenne. »[1]

---

1   Sourate 82 : La Rupture, versets 13-14

Sulayman dit : « Ô Abu Hazim, où se trouve la miséricorde d'Allah ? »

Il répondit :

« La miséricorde d'Allah est proche des bienfaisants »[1]

Sulayman dit : « Ô Abu Hazim ! Qui est le plus intelligent des hommes ? »

Abu Hazim répondit : « Celui qui apprend la sagesse et l'enseigne aux gens. »

Sulayman dit : « Qui est le plus stupide des hommes ? »

Il répondit : « Quiconque se met à la disposition d'un injuste et vend son au-delà contre la vie d'ici-bas. »

Sulayman dit : « Ô Abu Hazim ! Quelle est l'invocation la plus souvent exaucée ? »

Il répondit : « L'invocation de celui qui craint Allah et s'humilie devant Lui. »

Sulayman demanda : « Quelle est l'aumône la plus pure ? »

Abu Hazim dit : « Celle donnée par celui qui n'a que peu de moyens. »

Sulayman dit : « Ô Abu Hazim ! Que dis-tu de notre cas ? »

Abu Hazim répondit : « Épargne-moi le fait d'en parler. »

---

1   Sourate 7 : Le Mur d'Al-A'raf, verset 56

Sulayman dit : « C'est un conseil que tu me donneras. »

Abu Hazim dit : « Certains ont acquis le pouvoir par la force, sans consulter les musulmans ni agir selon le consensus des gens. Ils ont répandu le sang afin d'obtenir ce bas monde, puis l'ont quitté. Aurais-je su ce qu'ils ont dit, et ce qu'il leur a été dit ? »

Certaines personnes présentes dirent : « Quelle mauvaise parole tu as proférée, ô shaykh ! »

Abu Hazim dit : « Tu as menti. Allah a pris un serment de la part des savants concernant le fait qu'ils devaient clarifier le savoir et ne pas le cacher. »

Sulayman dit : « Ô Abu Hazim ! Accompagne-nous et nous tirerons profit l'un de l'autre. »

Il répondit : « Je cherche refuge auprès d'Allah contre cela. »

Sulayman dit : « Pourquoi ? »

Abu Hazim répondit : « Je crains de me reposer un peu sur toi et qu'Allah me châtie. »

Sulayman dit : « Conseille-moi. »

Il répondit : « Crains Allah et ne Le laisse pas te voir là où Il t'a interdit d'être, et ne sois pas absent de là où Il t'a ordonné de te trouver. »

Sulayman dit : « Ô Abu Hazim ! Invoque en ma faveur. »

Abu Hazim dit : « Ô Allah ! Si Sulayman est ton ami, facilite-lui le bien, et s'il ne l'est pas, guide-le vers la vérité. »

Sulayman dit : « Jeune homme, donne-moi cent dinars. ». Il dit ensuite : « Prends-les Ô Abu Hazim ! »

Abu Hazim répondit : « Je n'ai pas besoin de cet argent. Les autres et moi avons des droits égaux vis-à-vis de cet argent. Si tu le répartis équitablement entre nous, alors je l'accepterais, autrement je n'en ai pas besoin. Je crains que tout ce que je t'ai dit ne s'applique à moi si je venais à accepter cet argent. »

Sulayman paru impressionné par Abu Hazim et Al-Zuhri dit : « Il est mon voisin depuis trente ans et je ne lui ai jamais parlé. »

Abu Hazim dit : « Tu as oublié Allah puis tu m'as oublié. »

Al-Zuhri répondit : « Es-tu en train de me réprimander ? »

Sulayman dit : « Tu as plutôt réprimandé ta propre personne. Ne sais-tu pas que le voisin a un droit sur son voisin ? »

Abu Hazim dit : « Lorsque les fils d'Israël furent sur le droit chemin, les dirigeants avaient besoin des savants, mais les savants les fuyaient, car ils voulaient protéger leur religion. C'est alors que des gens de mauvaise moralité en profitèrent pour se rapprocher des gouverneurs avec la science. Les gens se sont alors entraidés dans l'accomplissement du mal. Ils échouèrent puis récidivèrent. Si les savants protégeaient leur religion et leur savoir, les dirigeants auraient continué de les respecter. »

Al-Zuhri dit : « C'est comme si tu parlais de moi et que tu t'adressais à moi indirectement. »

Abu Hazim répondit : « Cela est tel que tu l'entends. »

- On rapporte qu'un Bédouin s'adressa à Sulayman ibn 'Abd Al-Malik en lui disant : « Ô Commandeur des croyants ! Je m'apprête à t'adresser des mots, alors supporte-les même si tu ne les apprécies pas, car ces paroles contiennent un bien si tu les acceptes.

Il lui répondit : « Parle. »

Le Bédouin dit : « Ô Commandeur des croyants ! Tu es entouré d'hommes qui ont acheté les bienfaits dont tu jouis ici-bas en échange de leur au-delà. Ils ont échangé ta satisfaction avec la colère d'Allah. Ils t'ont craint dans ce qui concerne Allah, mais n'ont pas craint Allah dans ce qui te concerne. Ils ont détruit leur au-delà et ont construit ce monde. Ils sont en guerre concernant l'au-delà et en paix concernant ce monde. Donc, ne leur confie pas ce qu'Allah t'a confié. Peu leur importera de trahir cette confiance ou que la oummah s'effondre. Tu seras alors tenu pour responsable de ce qu'ils auront accompli et eux ne seront pas responsables de ce que tu auras fait. Par conséquent, ne réforme pas leur vie d'ici-bas en détruisant ton au-delà. En effet, celui qui perd le plus est celui qui vend son au-delà pour la richesse mondaine d'un autre.

Sulayman dit : « Tu as libéré ta langue et elle est plus tranchante que ton sabre. »

Il répondit : « Oui, Ô Commandeur des croyants ! Ces mots sont pour toi et non contre toi. »

Sulayman dit : « As-tu besoin de quelque chose ? »

Il répondit : « Je n'ai pas de besoin personnel excluant les besoins collectifs. ». Il se leva ensuite et s'en alla.

Sulayman dit : « Quel homme bon il est, comme est noble sa lignée, comme est ferme son cœur, comme est grande son éloquence ! Comme sincère est son intention ! Quel homme bon ! Quel homme pieux ! C'est ainsi que l'honneur et l'intelligence doivent être. »

- 'Umar Ibn 'Abd Al-'Aziz dit à Abu Hazim : « Conseille-moi. »

Il répondit : « Allonge-toi et imagine que tu es sur le point de mourir. Puis réfléchis à la condition dans laquelle tu voudrais être à ce moment. Maintenant, agis de manière à atteindre cette condition. De même, réfléchis à l'état dans lequel tu détesterais te trouver à ce moment et quitte dès maintenant les actes qui te conduiront à cet état. »

- Muhammad Ibn Ka'b dit à 'Umar Ibn 'Abd Al-'Aziz : « Ô Commandeur des croyants ! Le monde est un marché. Les gens en tirent ce qui leur nuit et ce qui leur profite. Combien sont ceux qui ont été trompés par ce qui est similaire à ce que nous vivons actuellement, jusqu'à que la mort les saisissent. Ils quittèrent alors ce monde en tant que pécheurs et sans s'être préparés pour le Paradis qu'ils voulaient rejoindre. Ils n'eurent pas non plus de protection contre le Feu qu'ils voulaient éviter. Les gens qui ne firent pas leurs éloges divisèrent leurs acquis entre eux, et les défunts rejoignirent l'Unique qui ne les excusa pas.

Ô Commandeur des croyants ! Nous devons méditer sur leurs bonnes actions enviables et les suivre en cela, et nous devons réfléchir à propos de leurs actes pour lesquels nous craignons qu'ils soient châtiés et les éviter. Ainsi, crains Allah ! Ouvre tes portes aux gens. Sois facilement accessible, aide l'opprimé, et réponds aux doléances.

Il existe trois choses qui, si elles se trouvent chez une personne, celle-ci aura complété sa foi en Allah : lorsqu'elle est heureuse, sa joie ne l'amène pas à commettre des interdits, lorsqu'elle est en colère, sa colère ne la conduit pas à agir injustement, et lorsqu'elle a du pouvoir, elle ne prend pas ce qui ne lui appartient pas.

- 'Ata ibn Abi Rabah visita Hisham. Il lui souhaita la bienvenue et dit : « De quoi as-tu besoin Ô Abu Muhammad ? ». Il était entouré de quelques nobles qui discutaient, puis se turent à ce moment-là. 'Ata rappela à Hisham les provisions et les dons destinés aux gens de La Mecque et de Médine. Celui-ci dit : « Oui ! Servant, prépare les provisions destinées aux gens de La Mecque et de Médine. ».

Puis il dit : « Ô Abu Muhammad ! As-tu besoin d'autre chose ? »

'Ata répondit : « Oui. », puis il lui remit à l'esprit les gens du Hijaz, du Najd et des villes frontalières fortifiées. Hisham les approvisionna comme il l'avait fait pour les gens de La Mecque et de Médine. Il lui conseilla ensuite de ne pas exiger des dhimmis plus que ce qu'ils ne pouvaient supporter. Hisham fut d'accord.

Après cela, Hisham dit : « Y'a-t-il autre chose ? ».

'Ata dit : « Ô Commandeur des croyants ! Crains Allah. Certes, tu as été créé seul, tu mourras seul, tu seras ressuscité seul, et tu seras jugé seul. Par Allah, tu ne seras pas avec ces gens que tu vois. »

Hisham pleura. 'Ata se leva et s'en alla. Lorsqu'il fut à la porte, un homme qui l'avait suivi lui donna un sac dont on ne sait pas s'il contenait des dirhams ou des dinars. L'homme dit : « Le Commandeur des croyants m'a ordonné de te donner ceci. »

'Ata dit : « **Et je ne vous demande pas de salaire pour cela; mon salaire n'incombe qu'au Seigneur de**

l'univers. »[1]

Puis il s'en alla et par Allah, il ne but même pas une goutte d'eau en cet endroit.

- Muhammad ibn 'Ali rapporte : « J'étais assis dans l'assemblée de Mansur. Ibn Abi Dhi'b, qui était gouverneur de Médine à l'époque de Al-Hassan Ibn Zayd, était également présent.

Des gens de la tribu de Ghifar se rendirent auprès d'Abu Ja'far Al-Mansur et se plaignirent d'Al-Hassan Ibn Zayd. Al-Hassan dit : « Ô Commandeur des croyants ! Interroge Ibn Abi Dhi'b à leur sujet. ». Il l'interrogea alors à propos d'eux. Il dit : « J'atteste que ce sont des gens qui attaquent l'honneur des autres. »

Abu Ja'far dit : « Vous avez entendu. ».

Les Ghifaris dirent : « Ô Commandeur des croyants ! Interroge-le au sujet d'Al-Hassan Ibn Zayd. ». Ce qu'il fit.

Ibn Abi Dh'ib dit : « J'atteste qu'il gouverne de manière injuste. »

Abu Ja'far dit : « Tu as entendu, Ô Hassan ! »

Al-Hassan Ibn Zayd dit alors : « Ô Commandeur des croyants ! Interroge-le à propos de toi. »

Il dit : « Qu'as-tu à en dire ? »

Ibn Abi Dh'ib répondit : « Me pardonneras-tu Ô Commandeur des croyants ? »

Il répondit : « Par Allah, tu vas m'en informer. »

Ibn Abi Dh'ib dit : « J'atteste que tu as obtenu cette richesse de manière injuste et que tu l'as donnée à des gens qui ne le méritent pas. »

Abu Ja'far posa sa main sur la nuque de Abi Dh'ib et dit : « Par Allah, si je ne m'étais pas contrôlé, j'aurais attaqué les Perses, les Romains, le peuple de Daylam et les Turcs.

---

1   Sourate 26 : Les Poètes, verset 127

Ibn Abi Dhi'b dit : « Abu Bakr et 'Umar furent des chefs, acquirent les richesses de manière juste et les distribuèrent équitablement. Ils ont attaqué les Perses et les Romains.

Abu Ja'far le laissa et dit : « Par Allah, sans le fait que je sache que tu dis vrai, je t'aurais tué. »

Il répondit : « Par Allah, je suis plus sincère envers toi que ton fils Al-Mahdi. »

- Al-Awza'i (qu'Allah lui fasse miséricorde) a dit : « Al-Mansur me manda alors que j'étais sur la côte. Je me rendis auprès de lui et le salua en arrivant. Il me demanda de m'assoir et dit : « Qu'est-ce qui t'a retardé Ô Awza'i ? »

Je répondis : « Que désires-tu Ô Commandeur des croyants ? »

Il dit : « Je veux apprendre de toi. »

Je dis : « Ô Commandeur des croyants ! Prends garde au fait d'écouter une chose sans l'appliquer. »

Al-Rabi' hurla sur moi et voulut prendre son sabre.

Al-Mansur le réprimanda et dit : « C'est une assemblée de récompenses, et non pas de châtiments. »

Je me détendis et m'exprima librement, puis je dis : « Ô Commandeur des croyants ! Makhul m'a rapporté de 'Atiyyah ibn Busr qui a dit : « Le Messager d'Allah (paix sur lui) a dit : « **Allah a interdit le Paradis à tout dirigeant qui meurt alors qu'il trompe ses sujets.** »[1].

Ô Commandeur des croyants ! Tu n'étais auparavant responsable que de tes propres affaires, mais en devenant calife tu es maintenant responsable de tous les gens de différentes couleurs, des musulmans, des non-musulmans, et tous réclament justice de toi. Quelle sera ta condition si des multitudes et des multitudes de gens se plaignent des difficultés que tu leur as causées et de ton injustice ?

Ô Commandeur des croyants ! Makhul m'a rapporté de

---

1   Rapporté par Al-Boukhari & Muslim

Ziyad ibn Jariyah, de Habib Ibn Maslamah que :

le Messager d'Allah (paix sur lui) invita un bédouin à se venger d'une égratignure que le Prophète (paix sur lui) avait faite sur son corps sans le vouloir. C'est alors que Jibril vint à lui et lui dit : « Ô Muhammad ! Certes Allah ne t'a pas envoyé comme tyran ni comme orgueilleux. ». Le Prophète (paix sur lui) appela le Bédouin et lui dit : « Venge-toi de moi. ». Le Bédouin répondit : « Je t'ai pardonné. Que ma mère et mon père te soient sacrifiés. Je ne ferais jamais cela. ». Le Prophète (paix sur lui) invoqua alors en faveur du Bédouin.[1]

Ô Commandeur des croyants ! Maîtrise-toi pour ton propre bien et agis de manière à être préservé du châtiment d'Allah.

Ô Commandeur des croyants ! Si le pouvoir était éternel pour ceux qui t'ont précédé, il ne t'aurait pas atteint. Ainsi, le pouvoir ne sera pas permanent pour toi tout comme il ne l'a pas été pour tes prédécesseurs.

Ô Commandeur des croyants ! On rapporte que ton ancêtre [Ibn 'Abbas] a dit au sujet de ce verset :

« Qu'a donc ce livre à ne rien omettre de mineur ou de majeur, sans le mentionner ? »[2]

que « mineur » signifie « un sourire » et « majeur » signifie « rire ». Qu'en est-il alors de ce qui a été perpétré par les mains et prononcé par les langues ?

Ô Commandeur des croyants ! On m'a informé que 'Umar ibn Al-Khattab (qu'Allah l'agrée) a dit : « Si un agneau

---

1   La chaine de transmission du hadith est faible.
2   Sourate 18 : La Caverne, verset 49

venait à mourir sur les rives de l'Euphrate après s'être perdu, je craindrais qu'Allah m'interroge à son sujet. ». Qu'en est-il de celui qui a été traité injustement en ta présence ?

Ô Commandeur des croyants ! On rapporte que ton ancêtre a dit au sujet de ce verset :

« Ô Dawud, nous avons fait de toi un calife sur terre. Juge donc en toute vérité entre les gens et ne suis pas les passions. »[1]

que le verset signifie : « lorsque deux parties s'assoient devant toi pour que tu juges, et que tu penches pour l'une d'entre elles, ne souhaite pas qu'elle gagne, car Je te retirerais la prophétie et tu ne seras plus mon représentant. Ô Dawud ! Le rôle que J'ai donné à mes messagers par rapport à mes adorateurs est tel celui du berger des chameaux, cela en raison de leur connaissance relative au fait de prendre soin des gens et de leur indulgence dans la gestion, dans le but qu'ils puissent venir en aide au blessé et guider le faible vers les sources de nourriture et de boisson. »

Ô Commandeur des croyants ! Certes tu as été éprouvé par une chose qui, si elle avait été présentée aux cieux, à la terre et aux montagnes, ils l'auraient refusé de peur de la responsabilité qu'elle implique.

Ô Commandeur des croyants ! Yazid ibn Yazid Ibn Jabir m'a rapporté de 'Abd Al-Rahman ibn Abi 'Amrah Al-Ansari que 'Umar ibn Al-Khattab (qu'Allah l'agrée) avait engagé un homme des Ansar pour collecter l'aumône. Après quelques jours, il constata que l'homme était toujours dans les alentours et n'avait pas voyagé. Il lui demanda : « Qu'est-ce qui t'a empêché d'aller faire ton travail ? Ne sais-tu pas que tu ob-

---

1   Sourate 28 : Sad, verset 26

tiendras la même récompense que ceux qui combattent dans le sentier d'Allah ? ». L'homme répondit : « Non. » 'Umar lui demanda : « Pourquoi ? ». Il répondit : « Car on m'a informé que le Messager d'Allah (paix sur lui) a dit : « **Quiconque détient une autorité sur les affaires des musulmans sera amené le Jour du Jugement avec les mains attachées à son cou. On le fera se tenir sur le pont de l'Enfer. Le pont le secouera au point que tous les organes de son corps seront déplacés. Ensuite, il devra rendre des comptes. S'il avait fait le bien, il sera sauvé par le bien qu'il aura fait. S'il avait été mauvais, le pont le fera plonger et il tombera en Enfer d'une distance équivalente à soixante-dix ans de marche. »[1]**

'Umar dit : « De qui as-tu entendu cela ? ». Il répondit : « De Abu Dharr et de Salman (qu'Allah les agréés) ». 'Umar les fit venir et les interrogea au sujet de ce récit. Ils dirent : « Oui, nous l'avons entendu du Messager d'Allah (paix sur lui). ». C'est alors que 'Umar dit : « Ô 'Umar ! Qui supportera la responsabilité du pouvoir ? ». Abu Dharr dit : « Celui qu'Allah aura doté d'humilité. ».

Puis Al-Mansur saisit un manteau, le posa sur son visage, pleura et gémit au point de me faire pleurer.

Je dis alors : « Ô Commandeur des croyants ! Ton ancêtre Al-'Abbas a demandé au Messager d'Allah (paix sur lui) de le nommer gouverneur de La Mecque, de Taif ou du Yémen. Alors le Prophète (paix sur lui) dit **: « Ô mon oncle ! Il est meilleur pour toi de te préserver plutôt que de détenir une position d'autorité dont il se pourrait que tu ne remplisses pas les droits. »[2]**

Il fit cela, car il voulait conseiller son oncle et qu'il avait de

---

1   La chaîne de transmission est faible mais le sens a été établi dans d'autres ahadiths authentiques.

2   Dans *Al-Mughni*, Al-'Iraqi a dit : « Le hadith a été transmis par Ibn Abi Dunya avec une chaîne de transmission rompue. »

l'affection pour lui. Quand le verset :

« Et avertis les gens qui te sont les plus proches »[1]

fut révélé, le Prophète (paix sur lui) dit à son oncle qu'il ne pourrait rien pour lui devant Allah puis il dit : **« Ô 'Abbas ! Ô Fatimah ! Je ne vous serais d'aucune utilité devant Allah. À moi mes actions et à vous les vôtres. »**[2]

'Umar Ibn Al-Khattab (qu'Allah l'agréé) a dit : « Les affaires des gens ne sont bien gérées que par le judicieux, qui ne craint pas les critiques à propos de ce qui concerne Allah. ». »

Il conseilla ensuite Al-Mansour un peu plus et dit : « Il s'agit là d'un conseil. As salam 'aleykoum. »

Il se leva et Al-Mansour lui dit : « Où vas-tu ? ».
Il répondit : « Je rentre chez moi avec la permission du Commandeur des croyants. »
Al-Mansour dit : « Je te permets de partir, je te remercie pour ton conseil que j'accepte, et Allah est Celui qui accorde le succès et qui aide les gens à l'acquérir. Je recherche Son secours, je dépends de Lui, Il me suffit et Il est le meilleur Garant. N'hésite jamais à me conseiller de la sorte. Certes, tes mots sont acceptables et ton conseil n'est pas blâmable. »

Il répondit : « Je le ferais si Allah le veut. »
Al-Mansour ordonna qu'on lui donne de l'argent pour l'aider dans ses dépenses de voyage, mais il n'accepta pas. Il dit : « Je n'en ai pas besoin. Je ne vendrais pas mon conseil contre des choses de ce bas monde. ». Al-Mansour comprit alors sa vision des choses et ne put y répondre quoi que ce soit.

---

1   Sourate 26 : Les Poètes, verset 214
2   Rapporté par Al-Boukhari & Muslim

- Lorsque Al-Rashid se rendit au Hajj, il fut interrogé : « Ô Commandeur des croyants ! Shayban est venu pour le Hajj. »

Il répondit : « Allez le chercher et faites-le venir à moi. »

Shayban fut amené et Al-Rashid dit : « Ô Shayban, conseille-moi ! »

Il répondit : « Ô Commandeur des croyants ! Je balbutie et je ne parle pas l'arabe couramment. Amène donc une personne qui comprend ce que je dis. »

Une personne qui comprenait ce qu'il disait fut amenée. Il s'adressa à elle en nabatéen [ancienne langue parlée en Iraq] en lui disant : « Dis-lui que celui qui t'avertit avant que tu n'atteignes un lieu de sécurité est de meilleur conseil que celui qui te réconforte avant que tu n'atteignes un lieu d'effroi. »

Al-Rashid dit : « Quel est le sens de ces propos ? »

Shayban dit : « Dis-lui que celui qui te dit : « Crains Allah, car tu es responsable de cette communauté, Allah te l'a confié, t'a donné du pouvoir sur elle et tu es responsable d'elle. Sois donc équitable envers tes sujets, répartis les biens avec justice, envoie des guerriers se battre pour la cause d'Allah et crains Allah. » est celui qui t'a averti afin que tu atteignes un endroit sûr où tu seras en sécurité.

Une telle personne est meilleure pour toi que celui qui te dit que tu es issu d'une famille qui a été pardonnée, que tu descends du Prophète et qu'il intercèdera pour toi. Une telle personne ne cessera de te rassurer jusqu'à ce que tu rejoignes un lieu d'effroi où tu seras anéanti. »

Haroun pleura au point que ceux qui l'entouraient eurent pitié de lui. Il dit ensuite : « Conseille-moi encore. »

Shayban répondit : « Ce que je t'ai dit est suffisant pour toi. »

- 'Alqamah ibn Marthad a dit : « Lorsque 'Umar ibn Habirah se rendit en Iraq, il fit mander Al-Hassan et Al-Sha'bi. Il leur ordonna de rester dans une maison où ils demeurèrent pendant environ un mois. Il les visita ensuite, s'assit et leur montra du respect. Puis, il dit : « Certes, le Commandeur des croyants Yazid ibn 'Abd Al-Malik m'a écrit une lettre. Cependant, si j'obéis à ses ordres, je serais anéanti. Si je lui obéis, j'aurais désobéi à Allah et si je lui désobéis, j'aurais obéi à Allah. Pensez-vous qu'il y aura une issue pour moi si je suis ses ordres ? ».

Al-Hassan dit : « Ô Abu 'Amr, répond à l'émir. »
Al-Sha'bi s'exprima et mit en lumière la situation d'Ibn Habirah. Il sembla qu'il lui trouva des excuses dans le suivi des ordres.

Ibn Habirah dit : « Qu'en dis-tu Abu Sa'id ? »
Al-Hassan dit : « Ô Émir, Al-Sha'bi a dit ce que tu as entendu. »
Il répondit : « Qu'en dis-tu ? »
Al-Hassan dit : « Je dis Ô 'Umar Ibn Habirah ! Bientôt, deux anges d'Allah, hostiles et durs, qui ne désobéissent pas aux ordres d'Allah, viendront à toi et te sortiront de l'immensité de ton palais vers l'étroitesse de ta tombe. Ô 'Umar Ibn Habirah ! Si tu crains Allah, Il te protègera de Yazid Ibn 'Abd Al-Malik, alors que Yazid ibn 'Abd Al-Malik ne te protègera jamais d'Allah. Ô 'Umar Ibn Habirah ! Ne te sens pas en sécurité, car Allah peut te voir dans le pire des états alors que tu obéis à Yazid ibn 'Abd Al-Malik et te fermer les portes du pardon. Ô 'Umar ibn Habirah ! J'ai rencontré des gens issus des premières générations de cette communauté. Ils fuyaient ce monde alors que celui-ci s'offrait à eux plus que tu ne le recherches alors qu'il te fuit. Ô 'Umar Ibn Habirah ! Je crains pour toi une situation contre laquelle Allah t'a averti quand Il a dit :

« **Voilà pour celui qui craint Ma rencontre et qui**

Ô 'Umar Ibn Habirah ! Si tu crains Allah, Il te suffira contre Yazid Ibn 'Abd Al-Malik, et si tu suis Yazid Ibn 'Abd Al-Malik en désobéissant à Allah, Il te confiera à lui. »

'Umar Ibn Habirah pleura et se leva alors que les larmes coulaient de ses yeux.

Le jour suivant, il leur accorda la permission de s'en aller et les récompensa. Il donna plus à Al-Hassan qu'à Al-Sha'bi. Al-Sh'abi sortit de la mosquée et dit : « Ô Gens ! Quiconque peut donner préférence à Allah sur sa création, qu'Il le fasse. Par Celui qui détient mon âme dans Sa Main, Al-Hassan ne sait rien de plus que moi, or j'ai voulu plaire à Ibn Habirah, mais Allah l'a éloigné de moi. »

- Muhammad ibn Wasi' (qu'Allah lui fasse miséricorde) visita Bilal Abi Burdah lors d'un jour de canicule, alors que Bilal se trouvait sous un abri fait de sacs, avec de la glace près de lui. Il lui demanda : « Ô Abu 'Abd Allah ! Que penses-tu de ma maison ? »

Il répondit : « Ta maison est certes bonne, mais le Paradis est meilleur que cela. Se souvenir du Feu préoccupe plus encore. »

Il lui demanda : « Que dis-tu au sujet du haut statut ? »

Il répondit : « Tes voisins sont les habitants des tombes. Pense à eux, car ils n'ont besoin d'aucun statut. »

Il lui dit : « Invoque Allah pour moi. »

Il répondit : « Que feras-tu avec mon invocation ? Il y a des gens à tel et tel endroit qui disent que tu les oppresses. Leurs invocations seront exaucées avant la mienne. N'oppresse personne et alors tu n'auras pas besoin de mon invocation. »

---

1   Sourate 14 : Abraham, verset 14

Voilà un résumé des récits en rapport avec les conseils que donnaient les pieux prédécesseurs aux gouverneurs. Que celui qui veut en savoir plus lise *Al-Misbah Al-Mudi'*.

Ainsi était le comportement des savants et leurs habitudes en matière de commandement du bien, d'interdiction du mal, tout en ne tenant pas compte du pouvoir des dirigeants en la matière et en préférant l'établissement des droits d'Allah plutôt que de les craindre. Cependant, les gouverneurs connaissaient le mérite de la science et ses vertus. Ils se montraient patients lorsqu'ils entendaient des conseils stricts de la part des savants. En revanche, à notre époque, mon avis est que s'enfuir des gouverneurs est meilleur. En effet, de nos jours, les dirigeants préfèrent les paroles douces, même s'ils respectent la rencontre des savants. Cela est dû à deux raisons :

La première est en rapport avec celui qui conseille. Il s'agit de sa mauvaise intention, de son penchant pour ce monde et de son ostentation. Ainsi, il ne sera pas sincère dans son conseil.

La seconde est liée à celui qui est conseillé. En effet, l'amour de ce monde a distrait les gens du rappel de l'au-delà, et leur révérence pour ce monde leur a fait oublier leur révérence pour les savants. Or, un croyant ne doit pas déshonorer sa propre personne.

C'est là la fin du chapitre sur le commandement du bien et l'interdiction du mal. Avant cela, l'auteur a mentionné un chapitre sur les chants et l'extase. Je vais en citer un résumé.

Chapitre 9 : Le statut de l'écoute de la musique et du chant

Sache que l'écoute de la musique et le chant forment l'un des moyens principaux par lesquels le diable corrompe les cœurs des gens. Il a trompé un nombre incalculable de savants et d'ascètes, sans parler des gens du commun, jusqu'à ce qu'ils en viennent à affirmer qu'ils se concentrent sur l'adoration d'Allah lorsqu'ils écoutent des chants mélodieux. Ils ont pensé que l'écoute des chants produit un bonheur dans les cœurs et une extase liée à l'Au-delà.

Si tu veux connaître la vérité, examine le premier siècle de l'Islam. Est-ce que le Prophète (paix sur lui) ou ses Compagnons ont agi de la sorte ?

Observe ensuite les propos de la génération qui a suivi celle des Compagnons, et de la génération suivante encore, et des savants de cette communauté comme l'imam Malik, l'imam Abu Hanifah, l'imam Al-Shafi'i, et l'imam Ahmad. Toutes ces personnes ont critiqué le chant, au point que l'imam Malik a dit : « Celui qui achète une esclave et qui découvre qu'elle est une chanteuse doit la rendre. »
Il fut interrogé au sujet du chant et dit : « Il est pratiqué par les débauchés. »

L'imam Ahmad fut interrogé au sujet d'un homme qui mourut en laissant derrière lui un enfant et une chanteuse esclave que le garçon avait besoin de vendre. Il répondit :

« Elle est vendue en se basant sur le fait qu'elle est une simple femme et non une chanteuse. ». On lui dit : « Sa valeur est de trente-mille dinars si elle est une chanteuse, et de vingt dinars en tant que simple femme. ». Il répondit : « Elle ne doit pas être vendue sauf en tant que simple femme. ».

Les savants ont blâmé le chant. Parmi les savants contemporains, on peut citer Abu Al-Tayyib Al-Tabari qui fut l'un des plus grands savants shafi'ites. Il a écrit un livre sur le sujet au sein duquel il se montra strict dans l'interdiction du chant. Certaines personnes qui ont été éprouvées dans leur foi en étant attachées au chant ont dit : « Cela a été autorisé par certains pieux prédécesseurs. ».

L'imam Ahmad ibn Hanbal a entendu un poète réciter certains vers et il a dit : « Il n'y a aucun mal à cela. ».

Donc, nous devons méditer sur ce qui a été autorisé par l'imam Ahmad. Il permit les poèmes sur l'ascétisme et d'autres sujets similaires, sans que cela ne soit accompagné de tambourinements, d'instruments de musique, d'applaudissements ni de danse.

C'est comme cela que doit être interprété le hadith de 'Aisha selon lequel deux chanteuses chantaient ce que les Ansar avaient dit pendant la bataille de Bu'ath[1], car cela ne conduit pas à l'extase.

Il est connu que les premiers musulmans ne possédaient pas ce que les musulmans contemporains ont inventé comme formes de tambours, de cymbales, de flûtes et de poésies romantiques. Ces choses éveillent les passions latentes chez les gens et les perturbent. Les ignorants penseront alors que cette perturbation est liée à l'Au-delà, mais c'est loin d'être le cas.

---

1   Rapporté par Al-Boukhari & Muslim

Il aurait été meilleur qu'ils disent : « C'est un type de divertissement permis et nous sommes à l'aise avec cela. ».

Cependant, ils croient que l'écoute des chants est un acte d'adoration. Ils nomment « extase » l'exaltation qui résulte du chant et qui leur fait perdre leurs sens. Parfois, l'extase peut mener à des choses non permises comme le déchirement des vêtements et la confusion. Tout cela est contraire à la voie des pieux prédécesseurs.

Il est clair qu'il s'agit d'un égarement. Donc, il est important de ne pas s'induire en erreur, car l'extase correcte est celle du cœur lorsqu'il écoute le Coran et les sermons. Ceux-ci font ressurgir la crainte de la menace, le désir de la promesse et le regret de la négligence. La combinaison de tous ces sentiments intérieurs nécessite le calme de l'extérieur et non pas des sauts ou des applaudissements.

Le Coran, les sermons religieux, les exhortations et les poèmes sur l'ascétisme suffisent à ce que le cœur atteigne Allah, sans avoir à mentionner Salma et Sa'dah. Je ne nie pas que certains de ces poèmes peuvent accidentellement conduire le cœur à être attaché à l'au-delà, mais la plupart d'entre eux font plutôt pencher le cœur vers ce bas monde.

L'exemple de celui qui veut utiliser le chant pour tirer profit de l'au-delà est comme celui qui dit : « Je vais contempler un beau garçon imberbe afin de m'émerveiller de la création du Tout-Puissant. ». Une telle personne est dans l'erreur, car ce qui éveille le désir et qui est aimé par la nature d'une personne perturbe la réflexion lorsqu'on la contemple et empêche de réfléchir. Ainsi, nous aurions interdit à une telle personne d'agir ainsi et lui aurions dit : « Regarde ce qui ne te perturbe pas. »

Allah a dit :

« Ne regardent-ils pas le ciel au-dessus d'eux, comment Nous l'avons bâti et embelli ? »[1]

Celui qui dit : « Je ne suis pas affecté par ce qui impacte les autres concernant le fait d'être naturellement attiré par les désirs » prétend une chose contraire à la prédisposition naturelle. Son propos ne doit donc pas être pris en considération. J'ai longuement parlé de cela dans mon livre intitulé *Talbis Iblis*. Il n'est donc pas nécessaire que je m'étende ici sur ce sujet. Et Allah sait mieux.

---

1   Sourate 50 : Qaf, verset 6

Chapitre 10 : La conduite de vie incarnée par le comportement prophétique

Sache que le comportement extérieur est une indication du comportement intérieur. Les mouvements des membres sont les fruits des pensées. Les actes résultent du comportement et le comportement résulte du savoir. Les secrets des cœurs sont les sources et les graines des actions. Les lumières de ces secrets sont celles qui font briller l'extérieur, l'ornent et le décorent.

Si le cœur d'une personne n'est pas craintif d'Allah, ses membres ne le craindront pas non plus. Si le cœur d'une personne n'est pas une lanterne munie de la lumière divine, alors son extérieur ne sera pas illuminé par la beauté du comportement prophétique.

J'ai précédemment mentionné un certain nombre de comportements. Il n'est donc pas nécessaire de les répéter ici. Je me suffirais cependant de la mention de certains comportements et bienséances du Prophète (paix sur lui) afin que nous combinions les comportements avec l'importance de connaître les nobles manières du Prophète (paix sur lui). Une seule action du Prophète (paix sur lui) suffit à témoigner qu'il est la plus noble des créatures, qu'il détient le rang le plus élevé, et qu'il est le plus sublime en capacités. Qu'en est-il donc de la combinaison de l'ensemble de ses comportements ?

'Aisha (qu'Allah l'agréé) fut interrogée au sujet du comportement du Prophète (paix sur lui). Elle répondit : « **Son comportement était l'incarnation du Coran. Il se mettait en colère pour les choses que le Coran interdisait et il se réjouissait lorsque ce qu'ordonnait le Coran était accompli.** »[1]

Après qu'Allah perfectionna le comportement du Prophète (paix sur lui), Il fit son éloge en disant :

« **Et certes, tu es d'un comportement éminent** »[2]

Glorifié soit Allah, qui a donné au Prophète (paix sur lui) un noble comportement puis qui en a fait son éloge.

1- Résumé du comportement et des bonnes manières du Prophète (paix sur lui)

Le Prophète (paix sur lui) fut le plus patient des gens, le plus généreux et le plus bienveillant. Il (paix sur lui) raccommodait lui-même ses sandales, rapiéçait ses propres vêtements et aidait sa famille dans les tâches quotidiennes. Il (paix sur lui) fut extrêmement pudique, plus encore qu'une vierge derrière un voile.

Il répondait aux invitations des esclaves, visitait les malades, marchait seul, autorisait les autres à l'accompagner sur sa monture, acceptait les cadeaux, mangeait la nourriture qu'on lui offrait, même s'il n'a jamais consommé ce qui était donné en aumône. Il n'avait pas assez de dattes pour être rassasié et ne s'est jamais repu de pain de blé plus de trois nuits consécutives.

---

1   Rapporté par Muslim
2   Sourate 68 : La Plume, verset 5

Il attachait une pierre sur son estomac pour diminuer la douleur de la faim. Il mangeait ce qui était disponible comme nourriture et ne critiquait jamais un plat. Il ne mangeait jamais en étant accoudé et prenait ce qui se trouvait devant lui.

La nourriture qu'il préférait était la viande, sa favorite étant l'épaule de mouton. La courge était son légume favori. Parmi les condiments, il aimait le vinaigre. Ses dattes préférées étaient celles de 'ajwah.

Il portait ce qu'il trouvait. Parfois, il s'habillait d'un manteau rayé en coton provenant du Yémen et d'autres fois il portait un manteau en laine.

Il avait parfois un chameau pour monture et d'autres fois une mule. Il utilisait un âne occasionnellement et il lui arrivait de marcher pieds nus.

Il aimait les parfums et détestait les mauvaises odeurs. Il honorait les vertueux, et maintenait des liens affectueux avec les nobles et les dignitaires. Il n'a jamais méprisé quiconque et acceptait les excuses de ceux qui lui en présentaient.

Il plaisantait, mais ne mentait jamais. Il riait, mais n'éclatait pas de rire. Il ne laissait aucun moment passer sans être au service d'Allah, Exalté soit-Il, ou sans être engagé dans ce qui pouvait être essentiel à sa propre personne.

Il n'a jamais insulté une femme ni maltraité un servant. Il n'a jamais frappé personne sauf dans le cadre du jihad sur le sentier d'Allah. Il ne se vengeait jamais pour sa propre personne, mais le faisait lorsque les limites d'Allah étaient transgressées. Face à deux options, il choisissait toujours la plus facile, sauf si cela impliquait une désobéissance ou la rupture des liens de parenté. Dans ce cas, il était celui qui s'en éloignait le plus.

Anas (qu'Allah l'agréé) rapporte : « Je l'ai servi pendant dix ans et il ne m'a jamais réprimandé, ni ne m'a jamais dit au sujet de quoique ce soit que j'avais fait : « Pourquoi as-tu fait ceci ? » ou que je n'avais pas fait : « Pourquoi n'as-tu pas fait cela ? »

Sa description dans la Thora est : « Muhammad, le Messager d'Allah et Mon esclave élu. Il n'est ni grossier ni rude. Il ne hurle pas dans les marchés ni ne rend le mal par le mal, mais plutôt il pardonne et absout. »

Il saluait en premier ceux qu'il rencontrait. Il patientait avec celui qui devait le quitter pour un besoin, jusqu'à ce qu'il s'en aille et ne partait pas avant lui. Si quelqu'un tenait sa main, il ne la retirait jamais tant que l'autre ne l'avait pas relâchée.

Il s'asseyait au sein d'une assemblée là où il trouvait une place et se mêlait à ses Compagnons comme s'il était l'un d'entre eux. Cela à tel point qu'un étranger ne pouvait être capable de le distinguer parmi les autres sauf en demandant qui il était.

Il restait de longs moments silencieux. Lorsqu'il parlait, il s'exprimait clairement et lentement, se répétant afin d'être bien compris. Il pardonnait, même lorsqu'il se trouvait en position de punir, et ne mettait aucune personne face à ce qu'elle n'aimait pas.

Il était le plus véridique des gens, celui qui respectait le plus ses engagements, le plus accessible de tous, le plus agréable, et le plus généreux dans la compagnie. Quiconque posait son regard sur lui par accident tombait en admiration. Quiconque était en sa compagnie et apprenait à le connaître finissait par l'aimer. Lorsque ses Compagnons discutaient des affaires mondaines, il se joignait à eux et lorsqu'ils se souvenaient de leurs vies avant l'Islam en riant, il souriait simplement.

Il était le plus courageux des hommes. Un Compagnon rapporte : « Lorsque le combat faisait rage, nous nous réfugions derrière le Messager d'Allah. »

Il n'était ni grand, ni petit, mais de taille moyenne. Son teint était clair et sa peau n'était pas mate. Ses cheveux étaient beaux et bien peignés. Ils n'étaient pas longs ni bouclés. Ils atteignaient les lobes de ses oreilles. Son front était large, ses sourcils fins et longs, ses yeux noirs. Ses cils étaient longs et son nez aquilin, muni de fines narines. Ses joues n'étaient pas grosses et sa barbe était fournie. Il avait un long cou qui brillait comme l'argent. Ses épaules étaient larges et son ventre plat. Sa paume était plus douce que la soie.

Que la paix et le salut d'Allah soient sur lui.

2- Résumé de ses miracles

Certes, celui qui a entendu parler du Prophète (paix sur lui), auquel sont parvenus ses récits détaillant ses comportements, ses actes, ses bonnes manières, sa gestion excellente des intérêts de ses partisans, son explication détaillée de la Législation que même les intellectuels et les éloquents n'ont pu reproduire, n'aura aucun doute sur le fait que ces éléments ne furent pas acquis par des stratagèmes. On ne peut imaginer que tout cela provienne d'autre chose que de l'aide d'Allah et de Son pouvoir. De même, ces éléments ne se produisent pas chez l'imposteur ni le menteur. Plutôt, ses caractéristiques et sa condition sont des témoins absolus de sa véridicité.

L'un de ses principaux miracles et de ses signes les plus clairs est le noble Coran, dont la reproduction est impossible. Tous les miracles des Prophètes ont pris fin avec leur départ de ce monde, mais le Coran est un miracle éternel.

Parmi ses miracles, il y a le fait que la Lune se soit fendue, que l'eau ait jailli de ses doigts, qu'il ait nourri un grand nombre de gens à partir d'une quantité de nourriture apparemment modeste, qu'il ait jeté quelques cailloux qui ont atteint les yeux de nombreuses personnes, qu'un palmier ait pleuré pour lui telle la chamelle sur le point de mettre bas, qu'il ait donné des informations au sujet d'évènements futurs et que cela se soit produit tel qu'il l'avait prédit.

Il remit en place, de ses propres mains, l'œil de Qatadah (qu'Allah lui fasse miséricorde) qui était sorti de sa poche, et cet œil devint le meilleur de Qatadah. Il crachota aussi dans les yeux de 'Ali (qu'Allah l'agrée) qui souffrait de conjonctivite et cela le guérit immédiatement.

Le Prophète (paix sur lui) reçut d'autres miracles bien connus et qui ne peuvent être cachés. Je demande à Allah de nous attribuer la capacité de nous conformer à ses qualités et ses caractères. Certes, Allah est Généreux et Il répond aux invocations, et toute la louange appartient à Allah.

Nos autres éditions

100 Trésors de l'Islam : principes du Coran et de la Sunna pour une vie meilleure — Samir Doudouch

La Guérison des Âmes — Ibn Al-Jawzi

Les Bienfaits de l'Épreuve — Al 'Izz ibn 'Abd Al-Salam & Ibn Al-Qayyim

Le Réveil des Cœurs — Ibn Al-Jawzi

Tafsir Sourate Al-Fatiha — Ibn Al-Qayyim & d'autres

Le Livre de L'Amour — Ibn Taymiyya

La Piété envers les Parents — Ibn Al-Jawzi

Manufactured by Amazon.ca
Acheson, AB